Leichtathletik mit Grundschulkindern

Oda Dombrowski

Leichtathletik mit Grundschulkindern

Meyer & Meyer Verlag

Inhaltsverzeichnis

Einleitung

Leichtathletik als eine der traditionsreichsten Sportarten ist seit langer Zeit im Fächerkanon der Sportarten an Schulen verankert. Auch im Primarbereich weisen ihr die Richtlinien und Lehrpläne einen festen Platz zu (vgl. RICHTLINIEN SPORT Bd. II, 1980). Traditionsreiche Sportarten laufen jedoch sehr oft Gefahr, in bestimmten Mustern und Schemata zu erstarren. Gehören sie erst einmal zum Standardprogramm, entwickeln sich dementsprechend Standard-Lehrverfahren, die zu bestimmten Zielen führen sollen, welche nicht mehr hinterfragt werden. In solch einem Dilemma steckt die Leichtathletik bedauernswerterweise bereits seit einigen Jahrzehnten. Hinzu kommt eine immer größer werdende Kluft zwischen dem Können eines Durchschnittsmenschen und dem eines muskulösen Leichtathletik-Spitzensportlers. Gebunden an nüchtern wirkende Wettkampfstätten und genormte Geräte, erweist sich der Freizeitstellenwert dieser Sportart weit weniger hoch als der von Spielsportarten oder der des Schwimmens. Beide zuletzt genannten Bereiche lassen sich z.B. in vereinfachter Form auf „volkstümliche Weise" ausführen, während volkstümliche Leichtathletikformen und -wettbewerbe fast vollständig ausgestorben sind.

Wird Leichtathletik allein als strengen Normen unterliegende wettkampforientierte Individualsportart verstanden, verlieren Grundschulkinder schnell das Interesse an ihr. Kindliche Bewegungsfreude, -vielfalt und Kreativität bleiben auf der Strecke, wenn der Unterricht so angelegt ist, daß er möglichst „direkt" zu den Disziplinen und Techniken des Leistungssports hinführt.

Seit Beginn der achtziger Jahre sind vermehrt Ansätze zu beobachten, gerade die traditionellen Sportarten didaktisch neu für Schule und Verein aufzuarbeiten (vgl. BALZ 1980 u. 1992; FREY 1984; FREY/HILDENBRANDT/KURZ 1990; HOPF 1982/83; TREUTLEIN/FUNKE/SPERLE 1986; SCHIELE/EBERLE/FREY/KROMER 1990 u.a.). Sie beziehen sich in der Mehrzahl allerdings nicht auf die Grundschule und wurden größtenteils in Fachzeitschriften veröffentlicht. Daß Leichtahtletik aufgrund ihrer Vielfalt an Disziplinen, hinter denen recht unterschiedliche Bewegungsprobleme stecken, für 6-10jährige Kinder ein erlebnisreicher, ihren

Ansprüchen und Lernvoraussetzungen angemessener Sportbereich sein kann, soll als Hauptanliegen dieses Buches verstanden werden.

In der vorliegenden Neubearbeitung ist der praktische Teil in allen Einheiten zum Laufen, Springen und Werfen erweitert und verändert, der theoretische Vorspann dagegen deutlich verkürzt worden. Gemäß dem Prinzip „Die Situation lehrt und nicht die verbale Information“ stehen Aufgaben und Übungen, die selbstgesteuertes Lernen begünstigen, im Vordergrund. Grundschullehrer, die – wie es in Nordrhein-Westfalen vielfach üblich ist – fachfremd Sportunterricht geben, sollen ermutigt werden, sich mit Hilfe dieses Buches an eine lebendig gestaltete Leichtathletik heranzutrauen, ebenso aber auch diejenigen, die als „Experten“ bisher nicht den Einstieg in ein offeneres Lehrkonzept fanden.

Was ist Leichtathletik?

Wer in der Grundschule leichtathletisch unterrichten will, muß zum einen wissen, was diesen Sportbereich kennzeichnet, zum anderen sich mit dem Problem auseinandersetzen, welche Zielsetzungen und Inhalte sich für die Arbeit mit Primarschülern eignen. Die erste Frage, die nachfolgend durch eine „Strukturanalyse" der Wettkampfsportart Leichtathletik gelöst werden soll, ist gar nicht so einfach mit einem Satz zu beantworten. Stellen wir Grundschülern die Frage: Was ist Leichtathletik? so wissen sie in der Regel keine Antwort darauf. Fragen wir jedoch nach Weit- oder Hochsprung, so kommen die Erklärungen prompt und richtig. Diese Beobachtung verweist darauf, daß die Leichtathletik zwar auf einfachen – jedermann bekannten – Tätigkeiten basiert, daß sie andererseits aber doch keine derart populäre Sache ist, die in das Freizeitverhalten von Kindern und Jugendlichen hineinreicht. Das Gehen, Laufen, Springen oder Werfen an sich ist eben noch nicht leichtathletisch, sondern wird es erst dann, wenn diese Tätigkeiten im Rahmen von bestimmten Zielsetzungen und Normvorgaben betrieben werden: die eigene Leistung zu erfassen, zu steigern und sie im Vergleich mit anderen zu messen (vgl. KURZ 1982). Diese Idee drückt sich verkürzt im Motto „Schneller – Höher – Weiter" aus. Speziell in unserer von Geschwindigkeit und Wettbewerb bestimmten Gesellschaft zählt letzten Endes dann nicht mehr die relative, sondern nur noch die absolute Bestleistung, d.h. der Re-kord.

Das Streben nach Höchstleistungen kennzeichnet den Sport ganz allgemein. Deshalb soll eine Strukturanalyse, in der **sechs wesentliche Merkmale** herausgestellt werden, die Leichtathletik genauer charakterisieren.

Strukturmerkmale der Sportart Leichtathletik

1. Leichtathletik ist eine Konditionssportart.
2. Ihre Bewegungsziele sind resultatorientiert.
3. Ihre Techniken gehören zu den „geschlossenen Fertigkeiten".
4. Sie ist eine Individualsportart.
5. Sie verlangt große Anstrengungsbereitschaft.
6. Sie ist einfach und kompliziert zugleich.

Zu 1.)
Der Begriff verrät es bereits: Wir haben es mit leichter „Athletik" zu tun, d.h. Kraftfähigkeiten sind gleichsam ein Garant für gute Ergebnisse. Sehen wir von den längeren Laufdisziplinen ab, geht es im Grunde immer um Schnellkraftfähigkeiten, die abhängig sind von der Maximalkraft. (Daher erklärt sich auch die große Anabolikaanfälligkeit dieser Sportart.)

Zu 2.)
Während bei Sportarten wie z.B. Turnen, Wasserspringen, Gymnastik der Verlauf (während der Ausführung) entscheidend ist, zählt in der Leichtathletik (analog zum Schwimmen oder den Sportspielen) allein das Resultat, erfaßt im cgs-System. Die in Zahlen festgehaltenen Ergebnisse bedeuten „harte Daten", nicht manipulierbar durch schöne Kleidung oder Anmut in den Bewegungen.

Zu 3.)
Der Begriff „geschlossene Fertigkeit" – im Gegensatz zu „offenen Fertigkeiten" – bedeutet, daß der Sportler sich nicht permanent an variierende Situationen, an anfliegende Bälle oder sich bewegende Gegner anpassen muß. Leichtathletik als genormte Sportart stellt Bewegungsprobleme dar, deren Lösungen **relativ konstante Fertigkeiten und Techniken** hervorrufen. Von daher gesehen gibt es wenig Überraschendes in der Leichtathletik. In der Mehrzahl der Disziplinen spielen taktische Elemente keine Rolle: Ein körperlich Unterlegener kann durch List und Behendigkeit keinen Stärkeren bezwingen.

Zu 4.)
In der Leichtathletik ist jede erbrachte Leistung eindeutig einem Urheber zuzuschreiben; Stärken und Schwächen werden somit für jeden sichtbar. Es gibt z.B. keine Mitspieler mit Rollenverteilung, bei der einer dem anderen helfen kann.

Zu 5.)
Möglichst schnell, möglichst weit oder hoch – so etwas geht nicht mit halber Kraft. Sehen wir vom Joggen aus Gesundheitsgründen ab (hierbei ist ohnehin fraglich, ob es als leichtathletisch zu bezeichnen ist), erfordert unsere Sportart sowohl im Wettkampf als

auch beim Trainieren großen körperlichen Einsatz: wie sonst kann jemand schneller werden oder die Kugel weiter stoßen? Und wer den Weitsprunganlauf übt, darf dieses ebenfalls nicht im Dauerlauftempo tun. **Üben und Trainieren erfordern im Grunde noch mehr Schweiß als ein Wettkampf**.

Zu 6.)
Immer wird in der Fachliteratur darauf verwiesen, daß sich alle leichtathletischen Disziplinen aus einfachen menschlichen Grundtätigkeiten, die früher wesentlich zur Alltagsmotorik gehörten, herausgebildet haben. Beobachten wir die Entwicklung von kleinen Kindern, finden wir dieses bestätigt: Kleinkinder laufen gern und zeigen es mit Stolz; sie hüpfen und springen, wenn sie fröhlich sind. Sie lieben es, mit Gegenständen aller Art zu werfen oder zu schleudern. Betrachten wir dagegen einige Disziplinen wie Stabhochsprung, Hammerwerfen oder Hürdenlaufen, so sehen wir hochstilisierte Kunstformen, die zum Teil schon artistisch anmuten. Am Anfang ist Leichtathletik banal, denn laufen, springen und werfen kann jeder. Die Normierung der Anlagen und Geräte sowie das einengende Regelwerk führen jedoch zu recht künstlich wirkenden Techniken.

Diese verkürzte Strukturanalyse soll helfen zu verstehen, warum Kinder (und natürlich auch Erwachsene) sich in unterschiedlicher Form von der Sportart abgestoßen oder angezogen fühlen. Wer nicht schnellkräftig oder „leichtfüßig" ist, wer es nicht mag, immer wieder mit seinem Leistungsstand – ausgedrückt in nackten Zahlen – konfrontiert zu werden, wer sich sehr ungern dem öffentlichen Urteil anderer aussetzt, wer lieber in einer Gemeinschaft untertaucht, wird nicht spontan für die Sportart Leichtathletik zu begeistern sein. Kinder brauchen Zeit und Ruhe zu einer harmonischen Entwicklung. Es mehren sich die Stimmen, die am Sportunterricht kritisieren, daß er zu hektisch ist. Besonders langsamere und bedächtige Kinder können mit leichtathletischen Inhalten Probleme bekommen, wenn die Lehrenden sich zu sehr an der Leichtathletik des Leistungssports orientieren. Zu beachten ist auch, daß durchweg Schnellkraft fordernde Aufgaben Jungen eher motivieren als Mädchen.

Nun ist schulische Leichtathletik kein Abbild der olympischen Wettkampfsportart. Aber die „Idee“ der Leichtathletik (KURZ 1982) darf nicht verkehrt werden. Angemessen ist vielmehr, sie unter offeneren und variablen Sinngebungen in den Sportunterricht mit Grundschülern zu integrieren. Bevor Zielsetzungen für den Leichtathletikunterricht in der Primarstufe genauer ausgeführt werden können, müssen zunächst noch einige Anmerkungen aus entwicklungspsychologischer Sicht – insbesondere in bezug auf die motorische Entwicklung – zum Grundschulalter vorangestellt werden.

Zur motorischen Entwicklung des Grundschulkindes

Kinder können sich beim Schuleintritt in ihrem motorischen Leistungsprofil ähnlich stark unterscheiden wie Schüler des zweiten sich im allgemeinen von denen eines vierten Schuljahres abgrenzen. Sämtliche neueren entwicklungspsychologischen Veröffentlichungen betonen die große **Individualität** eines jeden Entwicklungsverlaufes. Phasenmodelle, die den Entwicklungsprozeß als vorwiegend alters- und reifungsbedingt in bestimmten Abschnitten beschreiben, haben ihre Bedeutung verloren. Den Lerngelegenheiten und Anregungsbedingungen der soziokulturellen Umwelt kommt eine entscheidendere Bedeutung zu. OERTER (1982) bezeichnet Entwicklung als einen Prozeß mit unendlich vielen Freiheitsgraden. JOCH (1984) konnte nachweisen, daß auch die motorische Entwicklung stärker dem Prinzip der Variabilität als dem der Invarianz folgt. Alle folgenden Angaben über Fertigkeiten und Lernfähigkeit sind demnach nur als Verallgemeinerungen zu verstehen, die für den Lehrer als grobe Orientierungshilfen gedacht sind. Sie können jedoch nie zur Erklärung des Einzelfalls dienen.

Lernfähigkeit und Bewegungskoordination

Wenn nicht negative Entwicklungsreize die kindliche Spontaneität und Freude am Experimentieren gehemmt haben, können wir Schulanfänger als lern-, bewegungs- und leistungsfreudig ansehen.

Die Deutsche Bibliothek – CIP-Einheitsaufnahme

Dombrowski, Oda:
Leichtathletik mit Grundschulkindern / Oda Dombrowski
– 2., überarb. Aufl. –
Aachen: Meyer und Meyer, 1994
ISBN 3-89124-209-3

2., überarbeitete Auflage des 1986 im Putty Verlag Wuppertal
erschienenen Buches unter gleichem Titel
Foto Titelseite: Horst Müller, Düsseldorf
Zeichnungen: Frank Buscher
Fotos: Hans Dombrowski, Hans Katzenbogner, Marc-O. Zeutschel
Schrift: Times
Druck: Druckerei Queck, Jüchen
Printed in Germany
ISBN 3-89124-209-3

Sie sind offen und aufgeschlossen, beherrschen in der Regel die Alltagsmotorik. Bezogen auf leichtathletische Belange finden wir: laufen mit Richtungsänderungen, hüpfen, springen, galoppieren, werfen (als Schleuder- und Schlagbewegung) sowie einfache Bewegungsverbindungen aus laufen und springen, evtl. auch aus laufen und werfen. Dieses Fertigkeitsrepertoire verbessert sich durch Lerngelegenheiten und ganzheitliches Üben. Das ältere Grundschulkind ist in der Regel imstande, nahezu alle leichtathletischen Disziplinen in ihrer Grundstruktur zu erfassen. Häufig gelingt 9-10jährigen ein „Lernen auf Anhieb“.

Das gute Koordinationsvermögen bezieht sich selbstverständlich nicht allein auf leichtathletische Inhalte. 9-10jährige Kinder erreichen häufig (unter günstigen Lernvoraussetzungen) eine **Vielseitigkeit im Sport, die im Jugend- und Erwachsenenalter nie wieder so deutlich zutage tritt.**

Konditionelle Fähigkeiten

Vom ersten bis zum letzten Grundschuljahr entwickelt sich die Schnelligkeit in stärkerem Maße als die Kraft. Eine Verbesserung der Bewegungskoordination wirkt sich jedoch auch so aus, daß die vorhandene Kraft gezielter eingesetzt werden kann. Zwischen Mädchen und Jungen bestehen – laut sportmedizinischen Angaben – durchweg nur geringfügige Unterschiede in konditioneller Hinsicht. Die Praxis zeigt allerdings vielfach Defizite bei den Mädchen im Kraft- und Schnellkraftbereich, insbesondere dann, wenn sie außerhalb der Schule keinerlei sportliche Betätigung haben. Hinsichtlich der Grundlagenausdauer sollten für beide Geschlechter gleiche Belastungsreize gesetzt werden, auch um Folgeerscheinungen von Bewegungsmangel frühzeitig vorzubeugen.

Zielsetzungen des Leichtathletikunterrichts in der Grundschule

Das Verschwinden von Frei- und Spielräumen in Wohnungen und im Straßen-/Landschaftsbild ebenso wie die Zunahme von technischem Spielzeug hat die Lebensbedingungen von Kindern in den letzten Jahren immer stärker verändert und beeinflußt. Bewegungserfahrungen machen Kinder oft nur noch in für sportliche Betätigung geschaffenen „künstlichen" Räumen (vgl. HILDEBRANDT 1993). Die Leichtathletik als Draußen- und Drinnensportart kann mit ihrer heterogenen Vielfalt von Disziplinen und Fertigkeiten erlebnisreiches Sporttreiben ermöglichen, wenn die Kinder in ihrem Bewegungsverhalten nicht an den Techniken hochspezialisierter Leistungssportler gemessen werden. Wir schlagen an dieser Stelle folgende Zielsetzungen vor:

1. Die natürliche Freude der Kinder am Laufen, Springen und Werfen (und Schleudern) aufgreifen und in den leichtathleti schen Grundformen spielerisch variieren und weiterentwickeln.
2. Das reichhaltige Angebot von Disziplinen und darin enthaltenen Bewegungsproblemen zu umfassenden Bewegungserfahrungen nutzen. **Individuelle Lösungsverfahren der Kinder akzeptieren** und achten; ihre Kreativität und Spontaneität in ein offenes Verständnis von Leichtathletik mit einbeziehen; denn eine Technik ist in dieser Sportart immer nur Mittel zum Zweck, und für Kinder führen viele unterschiedliche individuelle Lösungen zum Ziel.
3. Erfahrbarmachen von individuellen Leistungs- und Belastungsmöglichkeiten im Zusammenhang mit psycho-physischem Wohlbefinden. Kinder sollen erleben, daß **leichte Belastungen nicht krank machen, sondern eher zu mehr Energie führen.**

Allgemeine Hinweise zur Vermittlung

Ein offenes Verständnis von Leichtathletik in der Grundschule hat Konsequenzen für die Art und Weise der Vermittlung im Unterricht. Wir empfehlen:

- Keine rigide Handhabung von sogenannten Standardmethoden oder bewährten Lehrverfahren.
- Einsatz von Bewegungsaufgaben, die das dahinterstehende Bewegungsproblem verständlich umreißen.
- Keine Korrekturen, wenn Kinder Lösungen selber suchen, sondern Akzeptieren aller gefundenen Lösungen.
- Gelegenheit und genügend Zeit zum Experimentieren und selbstgesteuertem Lernen bieten.
- Lernen kann nur vom Schüler ausgehen, also: im Lernenden das Subjekt und nicht das Objekt sehen (vgl. HILDEBRANDT 1983).
- Leistungserfassung in Wettkampfform nur sehr sparsam und behutsam einsetzen.
- Systematische Beobachtung der Lernvorgänge aller dabei auftretenden Probleme und Lösungen durch den Lehrer, um Rückmeldung über die Auswirkungen des angewandten Vorgehens zu erhalten.

Am Schluß des theoretischen Teils sollen noch einige Anmerkungen zum Problem der Bewegungskorrektur und zum Verständnis des Fehlerbegriffs stehen.

Jeglicher Unterricht sollte so angelegt sein, daß Freude am Lernen entsteht oder erhalten bleibt. Im Rahmen eines offenen Verständnisses von Leichtathletik in der Grundschule darf es keine Vorgaben von Technik-Leitbildern aus dem Hochleistungssport geben, wenn die Kinder glaubhaft selber Lösungen finden sollen. Da in unserer Sportart alle Techniken nur **Mittel zum Zweck** sind (man spricht auch von optimalen Lösungsverfahren), muß es dem Anfänger – und erst recht dem Grundschulkind – erlaubt sein, auch mit unvollkommenen Lösungen der gestellten Bewegungsprobleme glücklich zu sein. Von daher empfehlen wir, nicht oder nur äußerst selten mit den Begriffen „falsch“ und „richtig“ zu operieren. Je jünger das Kind, desto stärker lebt es im Hier und Jetzt; es handelt aus der Sicht der Erwachsenen oft unverständlich, aus eigener Perspektive aber meist total einsichtig. Und es reagiert durchweg spontaner. Wird das kindliche motorische Verhalten voreilig – also noch im Stadium des Experimentierens und des Sammelns von Erfahrungen – wiederholt mit „falsch“ und „richtig“ bewertet, besteht die Gefahr, daß Bewegungsfreude und selbstgesteuertes Lernen gehemmt werden. Wer permanent auf Fehler hingewiesen wird, verliert die Lust am Lernen. Er fühlt sich der Sache nicht mehr gewachsen, stempelt sich selbst als ungeschickt, als unbegabt oder unsportlich ab.

Zum Aufbau und zur Handhabung des Buches

In Anlehnung an die zur Zeit noch geltenden **Richtlinien Sport des Landes Nordrhein-Westfalen** folgt der praktische Teil des Buches einer bestimmten Gliederung: Die leichtathletischen Bereiche Laufen, Springen und Werfen sind jeweils in vier Einheiten aufgeteilt, wobei diese Einheiten den Jahrgangsstufen oder den Klassen einer Primarschule entsprechen. Wir empfehlen jedoch, diese Zuordnung nicht eng auszulegen. Es ist durchaus möglich und gegebenenfalls auch sinnvoll, beispielsweise Inhalte einer dritten Einheit am Ende eines zweiten Schuljahres oder zu Beginn des vierten zu erproben. So individuell, wie die Entwicklungsverläufe von Kindern sich darstellen, so flexibel sollten Lehrerinnen und Lehrer das praktische Angebot in diesem Buch nutzen und anwenden.

LAUFEN

Obwohl das Laufen als „natürliche Fertigkeit“ oder menschliche Grundtätigkeit bezeichnet wird, ist heute vielfach festzustellen, daß das sogenannte Natürliche immer unnatürlicher wird. So erleben wir bereits bei Schulanfängern erhebliche koordinative und konditionelle Defizite in diesem Bereich. Die Ursachen liegen nicht zuletzt in unserer immer bewegungsfeindlicher bzw. -ärmer werdenden Um- und Mitwelt. Viele volkstümliche Fang-, Abschlag- und Nachlaufspiele geraten in Vergessenheit. Aufgrund von fehlenden Spielräumen können sie ohnehin auch nur noch selten durchgeführt werden. Dabei benötigt besonders das Grundschulkind Entwicklungsreize, wie sie das Laufen in allen seinen Variationen auszuüben vermag, um sich harmonisch zu entfalten (Foto 1).

Wenn nicht Bewegungsmangel die psychomotorische Entwicklung bereits negativ beeinflußt hat, ist zu beobachten, daß Schulanfänger gern und viel laufen, wenn sie entsprechende Spielgelegenheiten finden. Kinder laufen jedoch nicht aus gesundheitlichen Motiven

Foto 1

oder um ihre koordinativen und konditionellen Fähigkeiten zu verbessern. Auf diesen Tatbestand ist bei jeglicher Stoffvermittlung im Sportunterricht zu achten. Vom Erwachsenen angestrebte Erziehungsziele treffen nicht unbedingt die kindliche Lebens- und Erlebenswelt. In der praktisch-methodischen Arbeit soll daher der Bezug zu den Spiel- und Bewegungsformen, die Kinder ansprechen oder die ihnen lieb und vertraut sind, nicht aufgegeben werden. Langfristige Motivationen zum Sporttreiben in der Freizeit lassen sich ohnehin nur dann herausbilden, wenn Spaß an der Bewegung und dem motorischen Können des eigenen Körpers in den Vordergrund gestellt werden.

Weil der Begriff Laufen ein breites Spektrum von Fertigkeiten und Fähigkeiten umfaßt, untergliedern wir ihn in Laufen als Schnellaufen einerseits (einschließlich Staffel- und Hindernis-/Hürdenlaufen) und Laufen als Dauerlaufen. Beide Bereiche werden vorweg in knapper, vereinfachter Form aus trainingstheoretischer Sicht umrissen, wobei dieser Teil **allein der Information der Lehrenden gilt**. Für die Schüler selbst steht in diesem Alter nicht die Wissensvermittlung, sondern das Bewegen und Erleben im Vordergrund.

Für die trainingswissenschaftlichen Ausführungen sprechen im wesentlichen zwei Gründe: Grundschulkinder können in bezug auf Schnellaufen (Sprinten) ein hohes Maß an Feinkoordination erreichen; sie erwerben eine perfekte „Lauftechnik" auf natürlichem Wege, wenn ihnen variable, laufspezifische Lerngelegenheiten zur Verfügung stehen. Was das Dauerlaufen betrifft, so steht dagegen (leider mehr) ein gesundheitliches Anliegen im Vordergrund: Dem Sportlehrer kommt eine immer größer werdende Verantwortung zu, schon Primarstufenkinder vor Zivilisationsschäden durch Bewegungsmangel zu schützen.

Laufen als Schnellaufen

Reaktionsschnelligkeit, Sprintkraft (Schnellkraft), Aktionsschnelligkeit und Sprintausdauer bestimmen ganz allgemein die Leistung im Kurzstreckenlauf (vgl. LETZELTER 1978, 197). Die Reaktionsschnelligkeit hängt von der individuellen Reaktionszeit ab und läßt sich definieren als Zeitspanne zwischen dem Setzen eines Reizes (akustisch, optisch oder taktil) bis zum Sichtbarwerden einer motorischen Handlung: z.B. Startschuß – Lösen der Hände vom Boden beim Tiefstart. An der Gesamtleistung des Schnellaufens ist die Reaktionszeit nur mit einem geringen Anteil vertreten (der Prozentanteil wird mit wachsender Streckenlänge – von 50-400m – immer geringer); somit könnte sie vernachlässigt werden, wenn nicht andererseits erwiesen wäre, daß die Prozesse der Signalaufnahme und ihrer Verarbeitung durchweg schon im Kindesalter ihr Optimum erreichen (vgl. ISRAEL 1977). Jeder Mensch kann sein individuelles Optimum jedoch nur dann erzielen, wenn es durch entsprechende Reize entwickelt wird. Unter diesem Gesichtspunkt hat daher auch eine „Reaktionsschulung" eine Bedeutung.

Wesentlich leistungsbestimmend ist die Fähigkeit Sprintkraft. Sie zeigt sich im Beschleunigungsverhalten nach dem Rektionsabschnitt. Je länger jemand beschleunigen kann, desto höher ist seine Endgeschwindigkeit. Während ein Läufer beschleunigt, nimmt seine Schrittlänge zu. Nach dem Erreichen der größten Geschwindigkeit bleiben die Schritte über eine (relativ kurze Distanz) konstant. Dieses Verhalten ist keinem Sprinter bewußt; es kann auch nicht bewußt beeinflußt werden. Der Tatbestand soll hier nur herausgestellt werden, um dem Lehrer Beobachtungshilfen an die Hand zu geben.

Die Fähigkeit, gut und lange zu beschleunigen, ist an die physische Grundeigenschaft Kraft gekoppelt. Auf Sprintleistungen bezogen, haben wir es mit einer Schnellkraftfähigkeit, ganz genau ausgedrückt, mit einer laufspezifischen Form der Schnellkraft, die wiederum eine abhängige Variable der Maximalkraft ist, zu tun. In der Regel nehmen Kraftfähigkeiten während des Grundschulalters zu.

Die dritte Komponente Aktionsschnelligkeit heißt in ihrer sprintspezifischen Form Sprintschnelligkeit. Sie hängt einerseits von der Kontraktionsgeschwindigkeit der Muskelfasern ab, andererseits stellt sie sich als Koordinationsproblem des Muskel-Nervensystems dar. Die Sprintschnelligkeit gehört wie die Sprintkraft zu den leistungsbestimmenden Faktoren im Kurzstreckenlauf, und sie korreliert mit der vorgenannten Fähigkeit. Im Grundschulalter kommt der Schnelligkeitsentwicklung eine große Bedeutung zu. Nach ISRAEL (a.a.O.) erreichen Kinder bereits mit ca. neun Jahren die größte Schrittfrequenz beim Laufen. Bei allen Aufgaben und

Übungen zur Schnelligkeitsförderung sind folgende Punkte zu beachten:

- Die Kinder sollen aufgewärmt sein.
- Es dürfen nur Strecken über maximal 15-20m (bei 6-7jährigen) bzw. 20-25m (bei 8-10jährigen) gelaufen werden.
- Die Belastungen haben im relativ ermüdungsfreien Zustand zu erfolgen.
- Kurze Strecken müssen maximal (fast maximal) schnell gelaufen werden, denn Schnelligkeit läßt sich nur durch schnelle Bewegungen entwickeln. Bewegungskoordination ist dagegen auch mit geringerer Intensität zu beeinflussen.

Die Sprintausdauer sollte im Grundschulalter nicht trainiert werden, da Kinder bis zum Beginn der Pubertät in dieser Hinsicht nur sehr gering belastbar sind. Außerdem hat die Komponente bei Strecken bis zu 40-50m eine untergeordnete Bedeutung.

Die zuvor genannten Charakteristika bestimmen den Trainingsaufbau im Leistungssport. Im Primarbereich sollte zwar nicht gegen trainingstheoretische Erkenntnisse verstoßen werden, doch der Sportunterricht ist nicht einlinig auf Leistungsoptimierung ausgerichtet. Er ist offener und flexibler. Zudem hat das Grundschulalter den Vorteil, daß die zuvor sehr isoliert herausgestellten Fähigkeiten ganzheitlich und in komplexer Form entwickelt werden können: So gibt es Laufspiele, die sowohl das Reaktionsvermögen, die Sprintkraft als auch die Laufgewandtheit beeinflussen. Es sei an dieser Stelle noch einmal betont: Entscheidend ist und bleibt, daß Laufen in allen seinen Variationen den Kindern Spaß bereitet, und Freude am Sport stellt sich nur ein, wenn die Schüler positiv gefärbte Erlebensqualitäten mit dem Sportunterricht verbinden.

Laufen als Dauerlaufen

Beim Dauerlaufen wird eine ganz spezifische Erscheinungsform von Ausdauer entwickelt: die allgemeine, aerobe, dynamische Ausdauer (vgl. hierzu HOLLMANN/HETTINGER 1988[3]). Es handelt sich um eine Ermüdungswiderstandsfähigkeit bei ganzkörperlicher Bewegung (z.B. Laufen, Radfahren, Schwimmen), wobei die Belastungsintensität nur so groß sein darf, daß sich der Organismus noch ausreichend mit Sauerstoff versorgen kann. Werden solche Belastungen (in Verbindung mit genau dosierten Erholungsphasen) systematisch über einen längeren Zeitraum durchgeführt, kommt es bei Jugendlichen und Erwachsenen zu Anpassungserscheinungen, die die allgemeine Leistungsbereitschaft des Körpers steigern. Ob bei Kindern vor Eintritt in die Pubertät ebenfalls schon Adaptationsvorgänge hervorgerufen werden können, ist bis heute nicht endgültig geklärt. Mit Sicherheit kann jedoch angenommen werden, daß sie für aerobe, dynamische, allgemeine Ausdauerbelastungen geeignet sind. Allerdings: Längeres Laufen in ruhigem Tempo besitzt in der Regel keinen Aufforderungscharakter für Kinder im Grundschulalter. Diese haben Probleme, ihr Lauftempo zu dosieren. Sie „rennen" am liebsten spontan und ungestüm auf konkrete Ziele zu, auf Ziele, die für sie nah erreichbar erscheinen.

Wenn hier dennoch für das Dauerlaufen plädiert wird, geschieht es im wesentlichen aus zwei recht unterschiedlichen Aspekten. Der erste Grund besteht in dem bereits erwähnten gesundheitlichen Anliegen: Es soll dadurch eine physische Gesundheit als allgemeine Leistungsbereitschaft entwickelt werden, die eine unerläßliche Voraussetzung zu sportlicher Handlungsfähigkeit im weitesten Sinne bedeutet. Der physischen Gesundheit entspricht vor allem im Kindesalter auch eine psychische. Kindliches Wohlbefinden und Selbstbewußtsein sind in hohem Maße abhängig von körperlicher Leistungsfähigkeit (vgl. HURLOCK 1972). Ein leistungsfähiges, belastbares Kind kann die Welt besser „erobern" als ein nicht belastbares.

Für Kinder stellt Gesundheit kein Handlungsmotiv dar. Sie müssen somit sehr behutsam mit Aufgaben, die ihnen Freude bereiten, an den längeren Lauf herangeführt werden. In diesem Zusammenhang ist es wichtig, daß die Grundschüler formulieren dürfen, was sie während des Laufens und nachher spüren, was sie abschreckt, was ihnen schwer oder leicht fällt. Sie sollten mit dem Lehrer darüber sprechen können, wie ihr Körper auf eine längerdauernde Belastung reagiert. Wer an sich selbst erfährt, daß er sich nach einem Dauerlauf rasch wieder erholt und später sogar gesteigertes Wohlbefinden verspürt, auch, daß es ihm im Laufe der Zeit immer leichter fällt, länger zu laufen, der wird allmählich von sich aus gern laufen.

Der zweite Aspekt verweist auf empirische Untersuchungen, deren Ergebnisse bis jetzt noch sehr wenig Eingang in die Sportpraxis gefunden haben: Während Dauerlaufen und Sprinten im allgemeinen eher als Gegensätze zu sehen sind, besteht im Grundschulalter ein besonderer Zusammenhang (WASMUND 1978; JOCH 1982): Kinder können durch ruhiges Dauerlaufen zugleich auch ihre Sprintleistung steigern, weil sie sich koordinativ so verbessern, daß die ökonomischere Lauftechnik sich positiv im Kurzstreckenlauf auswirkt, darüber hinaus sogar die gesamte Bewegungskoordination verfeinert. Daraus erwachsen insgesamt bessere Lernmöglichkeiten.

Sportmediziner nennen als Faustregel für richtig dosierte Belastungen, daß Kinder so viele Minuten lang laufen dürfen, wie es ihr Alter in Zahlen ausdrückt. Diese Angabe stellt ein Ziel dar, das allmählich und in kleinen Schritten angesteuert werden soll und – wenn irgend möglich – im Freien, letzteres jedoch unter Beachtung folgender Maßnahmen:

- Die Aufgaben und Übungen sind mehrheitlich in Kleingruppen zu erarbeiten. Dies erlaubt Differenzierung und verhilft zu Selbständigkeit.
- Der Lehrer darf niemals die Kontrolle über das Lauftempo und die Übersicht über die Schüler verlieren.
- Alle Angaben müssen in bezug auf Streckenlänge, Lauftempo oder Zeitdauer klar verständlich formuliert sein.
  Witterungsbedingungen sind zu beachten: Längeres Laufen bei Hitze oder Schwüle ist zu vermeiden.
- Die Schüler sollten organisch gesund sein.

Laufen

Einheit I

Fertigkeiten und Inhalte

* Lauf- und Fangspiele
* Laufen mit Kontrastaufgaben
* In der Gruppe laufen
* Schnellaufen über 20-30m
* Über Gräben laufen
* Dauerlaufen über 2-5min

Allgemeine Hinweise zur Vermittlung: Alle Fertigkeiten und Inhalte sollten durchweg mit Hilfe von Bewegungsaufgaben oder genauer Angabe von Handlungszielen erarbeitet werden. Bei der Formulierung der Spiel- und Übungsformen ist darauf zu achten, daß das Lernen von den Schülern ausgeht, d.h. die Aufgaben sollen zum Experimentieren und Lösungensuchen anregen. Alle Schüler sind als individuelle Persönlichkeiten und Partner zu achten. So weit wie möglich sind Belehrungen und Bewegungsvorschriften zu vermeiden.

Spaß am Laufen – Entwicklung von Laufgewandtheit

Fang- und Abschlagspiele: Häufig kennen Kinder (besonders in ländlicheren Gegenden) eine Reihe von solchen Spielen. Sinnvoll ist es, die den Schülern bekannten Formen aufzugreifen, sie von den Kindern erklären oder zeigen zu lassen. Sie lernen zugleich, sich so auszudrücken, daß die anderen sie verstehen. Zuweilen empfiehlt es sich, vorgeschlagene Spiele durch den Lehrer zu variieren, z.B. in der Art, daß abgeschlagene (gefangene) Kinder nicht für längere Zeit vom Spielgeschehen ausgeschlossen werden.

Einfaches Fangspiel: Das Spielfeld ist in seiner Größe deutlich erkennbar begrenzt. 1 oder 2 Fänger versuchen, durch Abschlagen andere Schüler zu Fängern zu machen. Günstig ist es, gleichzeitig auf mehreren Feldern spielen zu lassen, da es die Bewegungsintensität und die Möglichkeiten zum Rollenwechsel erhöht.

Variationen: **Mützenfangen:** Die Fänger tragen eine Mütze (z. Zt. aktuell: die Baseballmütze), die jeweils beim Abschlagen ihren Besitzer wechselt.

Bänderhasche: Jeder Schüler trägt auf seiner Rückseite im Hosenbund ein doppelt genommenes Parteiband, das sichtbar aus dem Hosenbund heraushängt. Das Fangspiel heißt: Ihr dürft euch frei in diesem Raum bewegen; jeder versucht, von anderen möglichst viele Bänder zu erhaschen. Wer das Bändchen abgenommen bekommt, darf weiter mitspielen und hat auch noch Chancen, den anderen Bänder abzujagen.

Fangen mit Erlösen: Die von 2 oder 3 Fängern abgeschlagenen Schüler müssen „versteinert“ stehen bleiben (mit gegrätschten Beinen). Ihre „Erlösung“ kann nur durch nicht abgeschlagene Helfer

Abb. 1

erfolgen, indem diese durch die gegrätschten Beine der „Versteinerten“ hindurchkriechen (Abb. 1).
Die „Versteinerten“ werden durch andere Bewegungsaufgaben erlöst: durch Umlaufen, Umhüpfen, durch einfaches Berühren am Bein o.ä.

„Hundefangen“: Auf kleinen Spielfeldern findet das Fangspiel jeweils nur auf allen Vieren statt, denn alle sind Hunde, die von einem Fängerhund gefangen werden sollen.

Reaktionsspiele

Feuer, Wasser, Blitz: Die Schüler laufen frei in der Halle. Auf einen Zuruf müssen sie sich vor diesen drei Gefahren retten: Bei „Feuer“ suchen alle die rettende Hallenwand, bei Wasser müssen sie sich auf Erhöhungen stellen (Kästen, Sitzbänke o. a.), bei Blitz sich schnell auf den Boden legen.

Variation: Beim Zuruf muß sich jeder einen Partner suchen, um sich dann mit ihm auf die zuvor vereinbarte Weise zu retten.

Eckenwechseln: 4 gleich große Parteien stehen in den 4 Ecken eines Feldes in einem durch Linien oder Bänder markierten Raum. Auf Zuruf wechseln die sich diagonal gegenüberstehenden Gruppen ihre Ecken, wobei keiner einen anderen berühren darf.

Seitenwechseln: 2 Gruppen stehen sich an den Schmalseiten einer Halle gegenüber; in der Hallenmitte – jeweils an den Außenseiten – befinden sich 2 Fänger, die beim Seitenwechsel möglichst viele Kinder abzuschlagen versuchen.

Freies Durcheinanderlaufen mit gegenseitigem Ausweichen. Auf ein akustisches Signal hin (Trommelschlag, Händeklatschen) werden bestimmte, zuvor vereinbarte Handlungen ausgeführt, z.B.: einmal Klatschen – schnell in die Hocke springen; zweimal Klatschen – sich einmal ganz um sich selbst drehen; dreimal Klatschen – einen Partner suchen und mit ihm zusammen laufen. Wer erfindet noch andere gute Aufgaben?

In einer über die Hallenbreite verteilten Gruppe vorwärts laufen; auf ein Zeichen hin rückwärts laufen (ohne Körperdrehung rückwärts in die alte Richtung laufen), auf ein erneutes Zeichen wieder vorwärts usw. Wer vertut sich nie?

Laufen mit besonderen Aufgabenstellungen

Alle nachfolgenden Vorschläge lassen sich immer dann gut durchführen, wenn im Freien ein Bereich durch Fahnenstangen oder Hütchen für alle sichtbar abgegrenzt wird. Die Kinder haben weniger Lust, nur so „ins Blaue" zu laufen als zu vorgegebenen Orten, die ihnen nicht zu weit entfernt erscheinen. Bei schönem Wetter und vorhandenem Rasen des öfteren barfuß laufen lassen. Auch beim Unterrichten in der Halle können ebenfalls Zielmarkierungen nützlich sein. Für alle sprintähnlichen Aufgaben gilt: nur kurze Strecken von 10-15m auswählen!

Wie könnt ihr laufen? (Organisation: in losen Reihen oder Gruppen zu 4-6 Kindern; nach der Aufgabenstellung wird immer nur in eine Richtung gelaufen, der Rückweg erfolgt ganz außen an den Seiten.) Falls den Schülern zunächst wenig Einfälle kommen, kann der Lehrer durch „Kontrastaufgaben" Anregungen geben: man kann langsam oder schnell laufen; leichtfüßig – platschend; laut –

Foto 2

leise; gleichmäßig – humpelnd; mit Riesenschritten – mit Puppenschritten usw. Diese Kontrastübungen schärfen die Fähigkeit zur Wahrnehmung (zum Spüren) des eigenen Bewegungsverhaltens. Zugleich bieten sie Gelegenheit, aus festgefahrenen, zuweilen bereits unökonomisch gewordenen Bewegungsstereotypen herauszukommen (Foto 2).

Laufen unter bestimmten Vorstellungen: Stellt euch vor, ihr müßt durch die Wüste laufen, und der Sand ist glühend heiß! Variationen: Laufen im Schnee, in den man immer wieder einbricht, im Sumpf, im Wasser, gegen Windstärke 10; so, als hättet ihr einen ganz schweren Rucksack auf dem Buckel. Welche Ideen habt ihr noch dazu (Abb. 2a-2d)?

Abb. 2a-2d

Laufen wie Tiere, die von den Kindern vorgeschlagen werden. Oder: Wer kann so laufen wie ein Hase, wie ein galoppierendes Pferd?

Laufen mit einem (imaginären) gebrochenen Arm: ein Arm wird „in der Schlinge“ gehalten; er kann sich nicht mitbewegen. Wie ist das Gefühl, wenn nur ein Arm das Laufen unterstützen kann?

Laufen als „Roller fahren“: Die Arme halten den („vorgestellten“) Lenker, ein Bein schiebt immer ab.

Laufvariationen: Wer schafft es, diese kurze Strecke (ca. 8-10m) rückwärts zu laufen? Ihr dürft es zu zweit probieren: Ihr gebt einem Partner, der euch vorwärtslaufend begleitet, die Hand, damit ihr nicht schief lauft. Vielleicht klappt es beim zweitenmal auch ohne Handfassung?

Seitwärts laufen über kurze Strecken: Es kann wiederum zu zweit geübt werden, z.B. in der Art, daß sich 2 Kinder mit der Front gegenüberstehen und gleichzeitig seitlich zu einer Markierung laufen. (Seitlich laufen klappt, wenn ein Bein jeweils das andere kreuzt; eine andere Lösungsmöglichkeit besteht im Seitgalopp.)

Kurven laufen: Die Hälfte der Klasse steht auf frei verteilten Plätzen im Raum; alle anderen laufen und umkreisen zwischendurch (z.B. wie ein Flugzeug mit ausgebreiteten Armen) einen stehenden Schüler.

Kurven laufen um Hütchen: zunächst geradeaus laufen und sich dann in die Kurve legen und schnell einen Bogen um aufgestellte Hütchen laufen. Statt Hütchen eignen sich ebenso Medizinbälle oder gar sitzende Mitschüler (Foto 3).

Geräte wie zuvor, doch jetzt **Slalom laufen** um die Hindernisse.

Foto 3

Laufen in Verbindung mit Überwinden von Hindernissen

Die Kinder bilden 3-4 Gruppen; jeder Gruppe wird eine Längsbahn (ein Streifen) in der Halle zugeteilt mit der Aufgabe, selbst kleine, flache Hindernisse in dieser Bahn auszulegen, so daß man darüber hinweglaufen kann. Geeignet sind hierzu: Teppichfliesen, gerollte Seilchen oder Parteibänder, Schaumgummiblöcke, Gummischeiben, Tennisringe. Von Anfang an wird erläutert, daß immer nur in eine Richtung geübt wird. Das Zurückkehren an den Ausgangspunkt erfolgt ausschließlich langsam außen an den Längsseiten.

In den einzelnen Bahnen werden Gräben mit Hilfe von Klebebändern oder Seilchen markiert. Sie haben eine Breite von ca. 0,50-0,80m; zwischen der ersten Grabenmarkierung und der nächsten – jeweils bezogen auf die erste Linie der Gräben – empfehlen wir 3,5-4,5m Abstand (abhängig von der Laufleistung der Kinder). Die Aufgabe heißt: Wer kann in seiner Bahn laufen, ohne in die Gräben hineinzutreten? Wem gelingt das ganz leicht und ohne große Springerei?

Variation: Die Gräben liegen nicht genau hintereinander, sondern jeweils etwas versetzt, so daß die Schüler leichte Bögen als Hindernislauf ausführen.

Die Gräben befinden sich wieder in einer Linie genau in Laufrichtung; der Abstand zwischen den Gräben ist in den einzelnen Laufbahnen unterschiedlich lang (in Bahn I 3,5m; in Bahn II 4m; in Bahn III 4,5m). Alle Schüler dürfen nach und nach ausprobieren, in welcher Bahn es ihnen am leichtesten fällt, flüssig über die Gräben zu laufen. Falls sich durch diese Aufgabe 3 etwa gleich große Gruppen bilden, erhält jede flache Schuhkartons oder längliche Schaumgummiblöcke: Diese werden jeweils in das erste Grabendrittel gestellt zum „Hindernis- oder Hürdenrennen“. Wer traut sich über die Kartons in den Gräben? Ihr dürft es zuerst vorsichtig ausprobieren und dabei auch nur „halb“ über den Karton laufen. (Gemeint ist: eine Körperhälfte darf neben dem Karton, die andere darüber laufen.)

Ein Rundlauf mit unterschiedlichen, flachen Hindernissen: Die Schüler regen aufgrund ihrer bisherigen Erfahrungen an, was auf diesem Rundlauf alles „in den Weg gestellt“ werden darf. Es ist ebenfalls erlaubt, sich seitlich vorbeizubewegen, wenn der Mut nicht reicht bzw. die Kraft zum Darüberspringen (vermutlich) fehlt. Jedes Kind darf allein für sich entscheiden, ob es sich und über welche Hindernisse es sich wagt.

Schnellaufen über kurze Distanzen

Über die Breitseite eines Feldes verteilt stehen 2 Schülerreihen so hintereinander, daß jeder in der zweiten Reihe einen Partner in der ersten Reihe hat. Je 10m vor den Schülern befinden sich an den Seiten 2 Fahnenstangen zur Markierung der Laufstrecke. Die Aufgabe heißt: Wer (aus der zweiten Reihe) fängt seinen Vordermann? Ich gebe euch ein Startzeichen zum Loslaufen. Das Abschlagen gilt nur auf der Strecke bis zu den Fähnchen (Abb. 3).

Abb. 3

Variation: Es werden 4 Schülerreihen gebildet; die Kinder der vierten Reihe sollen jemanden aus der dritten, die Kinder der dritten Reihe Vorderleute aus der zweiten usw. fangen. Nach jedem Durchgang – mit dazwischen geschalteten Pausen – wird die erste Reihe zur letzten. Es werden nur kurze Stecken über ca. 10-12m schnell gelaufen.

Im Prinzip wie zuvor, doch wieder nur in 2 Reihen: Das langsamere Kind (das evtl. noch keinen Mitschüler fangen konnte) darf aus dem Stehen starten; das schnellere muß das akustische Zeichen in der Bauchlage, im Sitzen, mit dem Rücken zur Laufrichtung o.ä. abwarten. Sinnvoll ist es z.B., wenn der Langsamere dem Schnellen einige Male das Handicap vorschreiben darf.

Einfache Pendelstaffeln über kurze Distanzen von 10-15m. Die Ablösung erfolgt durch Abschlagen.

Variationen: Die Strecken für die einzelnen Staffelmannschaften sind nicht gleich lang, sondern variieren um 1m bis 2m in ihrer Gesamtlänge. Die schnellste Truppe erhält beim zweiten Staffelwettlauf die längste Strecke, die zweitschnellste Mannschaft die mittellange Distanz und die Mannschaft, die verloren hat, darf die kürzeste Strecke laufen. (Finden Schüler und Lehrer gemeinsam noch eine andere Lösung zum Staffellaufen, bei der nicht immer die gleichen Mannschaften verlieren bzw. gewinnen (Abb. 4)?

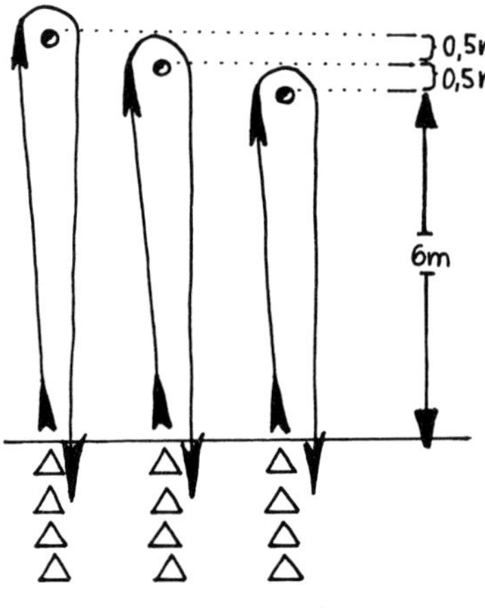

Abb. 4

Staffelläufe um Wendemarken aus Hütchen, Medizinbällen, Fahnenstangen; auch die eigene Mannschaft muß noch vor dem Ablösen durch den nächsten Schüler umlaufen werden. Beim Lauf um Wendemarken ist nicht unbedingt das Kind am schnellsten, das im Geradeauslaufen gewinnt. Außerdem schult das Laufen um Wendemarken ganz allgemein das Koordinationsvermögen.

Kurzsprints aus unterschiedlichen Ablaufstellungen: z.B. einfache Schrittstellung; Schrittstellung mit einer Hand am Boden; mit dem Rücken zur Laufrichtung; aus der Bauchlage. Wiederum werden nur Strecken über ca. 10m gelaufen, der Rückweg erfolgt so an den Seiten, daß die Läufer nicht gestört werden.

Dauerlaufen

Das jüngere Grundschulkind kann in der Regel schlecht unterscheiden zwischen einem ruhigen, einem mittleren und einem ganz schnellen Lauftempo. Dauerlaufen scheitert daher oft an einem zu hohen Anfangstempo. Außerdem lieben die wenigsten Kinder dieses Alters monotone Beanspruchungen. Zweckmäßig ist es folglich, zunächst erst einmal grundsätzlich unterschiedliche Geschwindigkeiten erfahren zu lassen.

Falls es räumlich und organisatorisch möglich ist: bergauf (ersatzweise auch treppauf) und bergab laufen. Die Kinder werden aufgefordert zu beschreiben, was schneller und was langsamer geht – auch warum.

Variation: Versucht, ganz schnell bergauf und ganz langsam bergab zu laufen. Was ist das für ein Gefühl?

Zu zweit mit einem Partner (A und B) auf einem zuvor festgelegten Laufbereich im Freien: Lauft so langsam zu zweit, daß ihr euch gut dabei unterhalten könnt. Dann wird A nur etwas schneller, und B soll versuchen, immer auf gleicher Höhe zu bleiben. Abschließend wieder ganz langsam laufen und miteinander sprechen. Geht das Sprechen genau so gut wie am Anfang?

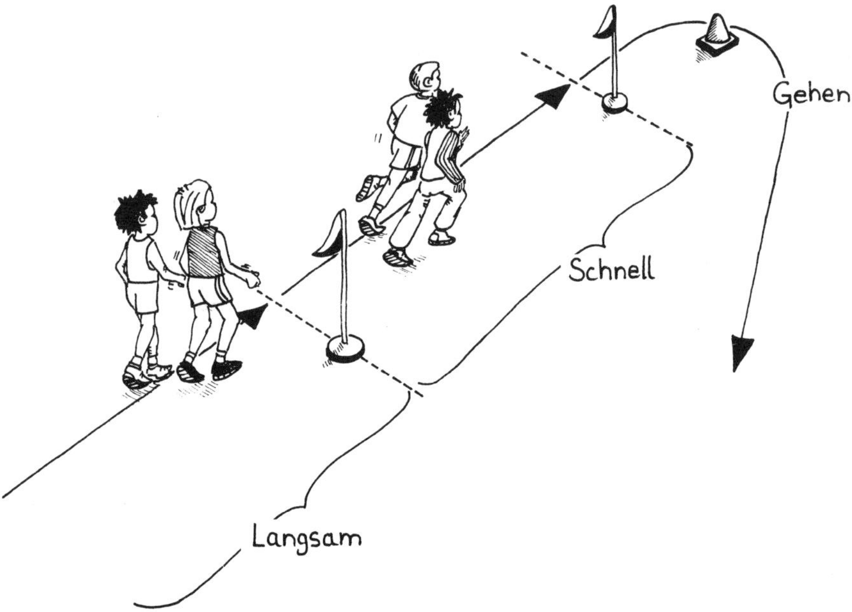

Abb. 5

Von einem Punkt aus zu zweit eine vorgegebene Strecke trabend zurücklegen (bis zum 1. Fähnchen), dann schneller zum 2. Fähnchen laufen, anschließend gemütlich an den Seiten zurückgehen. Wer schafft es, diese Aufgabe dreimal zu wiederholen, ohne zum Schluß aus der Puste zu sein? Teilt euch die Abschnitte klug ein (Abb. 5).

„Dreistufenrakete“: Die erste Stufe zünden bedeutet: ruhiger Trab; die zweite zünden heißt: schneller laufen; die dritte verlangt: so schnell, wie es überhaupt nur geht. Organisation: in einem großen, weiträumigen Kreis; wer bei der dritten Stufe zu schnell ist, soll versuchen, außen zu überholen. Die „Stufen“ zwei und drei nur kurz zünden, um Überanstrengungen zu vermeiden.

Gleichmäßig und ruhig laufen in unterschiedlich großen Gruppen. Immer müssen deutlich sichtbare Ziele, Orte oder überschaubare Strecken benannt werden, zu denen hingelaufen wird, damit die Kinder auch das Gefühl haben, die Aufgabe bewältigen zu können.

Im Freien: Wer kann ganz langsam zur Fahnenstange und wieder zurücklaufen, ohne schnaufen zu müssen? Jeder darf mit seiner Freundin oder seinem Freund zusammen laufen.

Wenn dennoch einige Schüler zu schnell sind: Ich (der Lehrer) laufe jetzt einmal mit allen zusammen um die Fahnenstange, doch keiner darf mich überholen, nur neben oder hinter mir laufen.

Variation: Auf dem gleichen Weg liegen jetzt allerhand Hindernisse, die um- oder überlaufen werden können. Welcher Lauf ist anstrengender: der mit oder der ohne Hindernisse? Könnt ihr mir erklären, warum das so für euch ist? Wie kann man ganz kraftsparend laufen?

Geht noch einmal mit eurer Freundin/eurem Freund zusammen. Ihr bekommt zu zweit ein Seilchen (ein Deuserband) und probiert aus, wie ihr zusammen mit dem Seilchen die Strecke zurücklegen könnt.

Je nach den örtlichen Gegebenheiten erfinden Lehrer und Schüler gemeinsam eine Hindernisbahn – z.B. mit Hilfe von mitgebrachten Kleingeräten, Sporttaschen o.ä.; durch Einbeziehen von Wällen, Treppenstufen, Rasenplätzen usw. Die Aufgabe kann so formuliert werden: Es ist kein Wettkampf auf Zeit. Versucht bitte, ob ihr in kleinen Gruppen – immer nacheinander – den ganzen Hindernisparcours im Laufen schafft. Ihr dürft wirklich langsam laufen, unter Umständen sogar auch etwas gehen, wenn es euch ganz anstrengend vorkommt.

Dauerlaufen in der Halle: Wenn auch das Laufen im Freien zu bevorzugen ist, kann es wegen räumlichen und organisatorischen Gründen nicht immer draußen durchgeführt werden. Regen, Hitze oder Kälte legen es ebenfalls häufig nahe, in der Halle zu bleiben. Dauerlaufen in der Halle soll besonders für die Jüngsten immer Spielcharakter haben. Alle Fang- und Abschlagspiele schulen die Grundlagenausdauer im Sinne des Intervallprinzips. Darüber hinaus:

„Ein Blinder und ein Sehender“: Die Kinder laufen jeweils zu zweit mit Handfassung eine Runde in der Halle. Der außen befindliche Schüler erhält eine Augenbinde, so daß er blind läuft und von seinem Partner (oder seiner Partnerin) sicher durch die Strecke geleitet wird (Foto 4).

Foto 4

Pendel- und Wendestaffeln umwandeln zu „Endlos-Staffeln“: jede Mannschaft absolviert wenigstens 4-5 Durchgänge.

Ein Hindernisparcours, der nicht nur aus Laufen besteht: eine Schwebebank, über die balanciert wird, quergestellte Kastenteile zum Hindurchkriechen, eine Hütchenreihe zum Slalom laufen u.a. lassen eine leichte, längere Dauerbelastung reizvoll erscheinen.

Einheit II

Fertigkeiten und Inhalte

* Laufen mit Tempovariationen
* Lauf- und Pendelstaffeln
* Starten auf akustische und optische Signale
* Schnellaufen über Kurzstrecken
* Rhythmisches Überlaufen niedriger Hindernisse
* Dauerlaufen über 4-7min

Förderung der allgemeinen Laufgewandtheit

Alle Fang- und Abschlagspiele aus der ersten Einheit können – je nach ihrer Beliebtheit bei den Kindern – immer wieder aufgegriffen werden. Weitere Möglichkeiten:

Wer fürchtet sich vor Dracula? Dracula zieht aus, um Kinder zu fangen. Mit o. a. Frage nähert er sich seinen Mitschülern, die in Gruppenform verteilt an einer Hallenschmalseite stehen. Die Gruppe antwortet: „Niemand!" Dracula: „Und wenn er kommt?" „Dann fliehen wir." Beim Lauf zur gegenüberstehenden Hallenwand versucht Dracula, viele Kinder durch Abschlagen zu fangen.

Variationen, die die Kinder zu dieser Spielform mit Frage und Antwort kennen, aufnehmen und spielen lassen.

Einfaches Fangspiel als Paarhasche: Sowohl Fänger als auch Verfolgte dürfen nur als Paar mit Handfassung laufen. Falls nötig, die Spielfläche verkleinern bzw. auf 2 Feldern getrennt unabhängig voneinander spielen lassen, damit die Chancen zum Rollentausch auch zahlreich gegeben sind.

Fangen mit Freilaufen: Kleine Kästen stehen (oder Gymnastikreifen liegen) frei verteilt in der Halle. Sie dienen als Mal, auf (in) dem keiner abgeschlagen werden darf. Im Mal darf sich jeder allerdings nur maximal 3 sec lang aufhalten.

Variation: Die Schüler können sich vor dem Abgeschlagenwerden retten, indem sie in die tiefe Hocke gehen und darin federn.

Freies Laufen in der Halle: Auf ein akustisches Zeichen hin soll sich jeder einen Partner suchen. Von diesen Paaren muß jeweils der Größere rasch durch die gegrätschten Beine des Kleineren kriechen. Variation: Der Größere muß sich vor dem Kleineren verbeugen.

In der Halle laufen, ohne auf eine Linie zu treten.

Die eine Hälfte der Schüler sitzt oder steht auf verteilten Plätzen im Raum. Die andere Hälfte läuft und umkreist im Wechsel die Sitzenden oder Stehenden.

Schattenlaufen zu zweit (auch zu dritt möglich): Die Kinder laufen hintereinander und suchen sich freie Räume. Gleichzeitig erfindet der Vordere möglichst viele ungewöhnliche Lauf- und Hüpfformen, die der Nachfolger wie ein Schatten imitieren soll.

Laufen und Hüpfen nach Gehör: Wann schlägt die Trommel zum Laufen, wann zum Hüpfen? Organisation: ein Außen- und ein Innenkreis.

Variation: Ein Schüler versucht, unterschiedliche Gangarten zu trommeln, die von den anderen aufgenommen werden sollen.

Reagieren, Starten und Beschleunigen

Schwarz-Weiß (identisch mit Tag-Nacht): Die Parteien Schwarz und Weiß stehen sich auf 2 Hallenlinien mit einem Abstand von ca. 2m in der Spielfeldmitte gegenüber. Je nach Zuruf versucht die aufgerufene Mannschaft, die nicht genannte davonlaufende Mannschaft abzuschlagen. Jeder „Gefangene“ ergibt einen Punkt (Abb. 6).

Variation: Die Ausgangsstellungen werden variiert: Die Reihen sitzen, liegen oder kauern in der tiefen Hocke und warten auf den Zuruf.

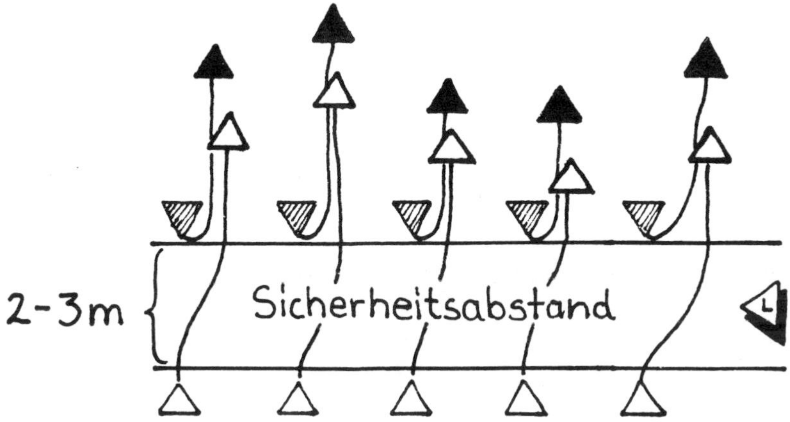

Abb. 6

Der Zuruf wird durch ein Zeichen ersetzt: Es wird ein weißes oder ein schwarzes Tuch hoch gehoben.

Beim Starten auf akustische Signale sollte der Lehrer nach und nach erklären, daß jeder Mensch auf „Hören“ schneller reagiert als auf „Sehen“, denn üblicherweise versuchen Kinder zumeist, das Startzeichen mit den Augen zu erkennen, anstatt sich allein auf ihr Gehör zu verlassen.

Komm mit – lauf weg: 6-8 Schüler bilden einen mittelgroßen Kreis. Hinter ihnen stehen – je nach Klassenstärke – 3-4 weitere Schüler.

Ein freier Schüler umläuft außen den Kreis, um nach eigener Entscheidung einen Letzten aus einer Gruppe abzuschlagen. Ruft er gleichzeitig: „Komm mit!“, so muß ihn die Gruppe beim Umlaufen verfolgen. Das Ziele aller ist, schnell an die Ausgangsstelle der Gruppe zu gelangen. Wer als Letzter eintrifft, muß weiterlaufen, einen anderen abschlagen usw. Beim Ruf „Lauf weg!“ schlägt die Gruppe die entgegengesetzte Richtung ein, um zum Ausgangsort zu gelangen.

Variation: Die einzelnen Gruppen sitzen im Kreis und müssen also aus dieser Position auf Zuruf und Abschlagen starten.

Laufen und Drehen: *Organisation:* Die Schüler laufen zu zweit diagonal durch die Halle. Die Aufgabe heißt: Wer kann sich in der Hallenmitte – bei den aufgestellten Fähnchen (oder Hütchen) – ganz schnell und unauffällig drehen? Wer schafft es dann, sofort wieder geradeaus weiterzulaufen?

Variation: Auf der Laufstrecke wird zweimal gedreht; Markierungen dienen als Aufforderungspunkte. Die Aufgabe heißt: Jetzt geht es um 2 Drehungen. Wer kann am ersten Fähnchen in eine Richtung, beim zweiten in die andere Richtung drehen?

Noch einmal zu zweit diagonal durch die Halle, doch jeder erhält ein Seilchen. (Stehen nicht genügend Seilchen zur Verfügung, werden sie nach dem Üben immer der Reihe nach weitergegeben.) Probiert aus, was ihr inzwischen alles mit dem Seil in der Fortbewegung könnt. Wenn ihr das Hallenende erreicht habt, kehrt ihr bitte ohne Seilchenspringen ganz langsam an den Seiten zurück.

In Reihen zu viert oder in Kleingruppen aus der Bewegung starten: Die Kernübung lautet: Lauft ganz langsam bis zur ersten Linie (oder Markierung in ca. 6-8m Entfernung); keiner darf einem anderen dabei weglaufen. Von der Linie aus heißt es dann für jeden, so schnell, wie es nur geht, loszusprinten – bis zum Fähnchen (in ca. weiteren 10-15m). (Der Rückweg erfolgt an den Seiten durch ruhiges Gehen.)

Variationen: Wenn ihr mit dem Langsamlaufen die erste Linie erreicht habt, versucht ihr einen leichten Sprung in eine Schrittocke (kurzes Berühren des Bodens mit Händen und Füßen fast gleichzeitig). Anschließend sollt ihr ganz schnell lossprinten.

Es wird jetzt noch schwieriger: Vor dem Schnellaufen soll eine ganze Drehung versucht werden. (Jeder braucht dazu seitlich etwas Platz, weil das Richtunghalten durch diese Aufgabe erschwert ist.)

Organisation wie zuvor, doch bis zur ersten Linie wird gehüpft.

Wer weiß, was ein Hochstart ist? Wer kann ihn zeigen? (Falls den Kindern der Begriff unbekannt ist, erhalten sie die Aufgabe: Ihr sollt von dieser Linie aus so schnell wie möglich lossprinten. Keiner darf auf die Linie treten. Alle können insgesamt – mit Pause – drei Versuche machen. Probiert aus, von welcher Ablaufstellung ihr am schnellsten wegkommt (Foto 5).

Foto 5

Variation: Von einer Startlinie aus unter einer gespannten Zauberschnur hindurch zum Ziel laufen. Die Schnur ist ca. 4m vom Startbereich entfernt. Das Ziel steht – gut sichtbar markiert – nach einer Laufstrecke von 10-15m.

Wendelauf aus dem Hochstart: Jeder erhält Gelegenheit, seine Schnelligkeit zu testen. 3 Wendemarken, z.B. Medizinbälle, liegen in 3 verschiedenen Abständen von der Startlinie entfernt (6m; 6,5m; 7m). Jeweils 3 Läufer starten zugleich und erhalten die Aufgabe, schnell um die Bälle herum zum Ausgangspunkt zu laufen. Der Trick dabei ist: Die 3 Läufer sollen gleichzeitig am Startpunkt eintreffen. Jeder darf sich zur Lösung der Aufgabe seine Streckenlänge selbst wählen und in einem zweiten oder dritten Versuch seine Wahl, falls nötig, korrigieren.

Staffelvariationen mit Stabübergabe

Pendelstaffeln über 15-20m: die Abstände werden durch Fahnenstangen markiert. Letztere sind zugleich auch Orientierungspunkte für das Stabübergeben. Es empfiehlt sich, zunächst ohne Wettkampfabsicht auf kleinster Entfernung mit geringem Tempo mit allen Schülern zu erarbeiten, an welcher Seite man bei der gegenüberstehenden Gruppe am besten vorbeiläuft, um den Stab sicher zu übergeben. Als „Bewegungsproblem" erhalten die Kinder hierfür nacheinander zwei Fragen: Wie hält man am geschicktesten den

Stab in der Hand, so daß der Wartende ihn gut packen kann? – Welcher Vorgang ist schwieriger: das Abgeben oder das Annehmen des Stabes? (Wenn das Annehmen schwerer zu vollziehen ist, sollte jeder dafür die rechte Hand benutzen – Linkshänder werden bei dieser Pauschallösung benachteiligt – zum Abgeben die linke Hand.) Damit im Anschluß an das Ausprobieren in der Wettkampfform alle den Wechsel korrekt ausführen, wird vereinbart, daß die Wartenden links neben der Fahnenstange stehen und mit ihrem rechten Arm rechts um die Fahnenstange reichen. So kann niemand vor dem Erhalten des Stabes loslaufen.

Variationen: Die Mannschaft, die regelmäßig gewinnt, erhält eine um 1-2,5m verlängerte Laufstrecke. Es ist ratsam, durch Erfahrung herauszufinden, um wieviel Meter die Strecke verändert werden darf. Ein anderer Weg: Lehrer und Kinder beratschlagen gemeinsam, was zu tun ist, um für alle Mannschaften in etwa gleich große Chancen zu bieten (z.B. andere Mannschaftseinteilung, ein Läufer mehr bei den Allerschnellsten o.ä.).

Staffeln mit Zusatzaufgaben: Bestimmte Gegenstände (Bälle, Ringe, Keulen oder Bohnensäckchen) sollen zu festgelegten Zielen hin- und zurücktransportiert werden – der Fantasie sind hierbei keine Grenzen gesetzt. Die einfache Grundform sieht so aus: Vor gleich starken Schülergruppen liegen in ca. 6-10m Entfernung 2 Gymnastikreifen mit etwas Abstand hintereinander. Die Kinder jeder Gruppe laufen der Reihe nach, z.B. mit der Aufgabe: Der Erste bringt 2 Bohnensäckchen in die Gymnastikreifen; er darf allerdings immer nur ein Säckchen zur Zeit nehmen, d.h. er muß insgesamt die Teilstrecke viermal laufen. Der Nächste holt nach dem gleichen Prinzip die Säckchen, der Übernächste bringt etc. (Abb. 7).

Variation: Nur zu einem Reifen laufen, auf der Strecke hin und zurück muß durch ein Tor – z.B. eine Hürde – gelaufen werden.

Staffeln um Wendemarken mit und ohne Stabwechsel. Wieder ist gemeinsam herauszufinden, wie der Laufweg am günstigsten zu regeln ist.

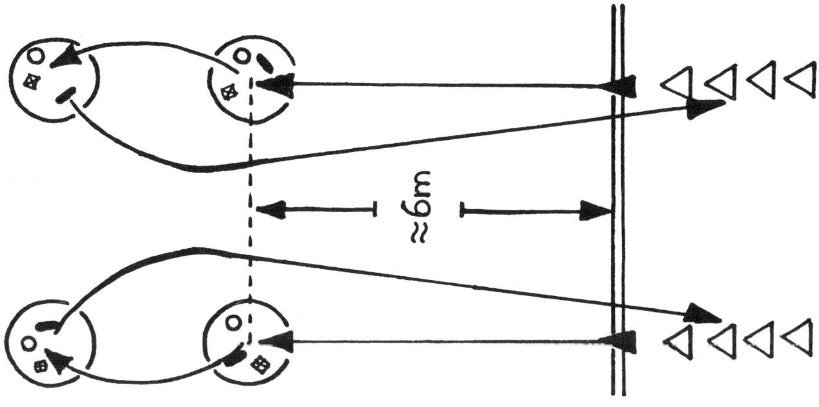

Abb. 7

Slalom-Pendelstaffel: Die Laufstrecken sind so gestaltet, daß wie beim Skislalom um Hütchen herumgelaufen werden muß.

Variation: Slalomstaffel als Wendelauf oder in Verbindung mit Hin- und Hertransportieren von Gegenständen, die in Reifen gelegt bzw. aus Reifen geholt werden müssen.

Laufen mit besonderen Aufgabenstellungen

Laufsprünge über Mattenbahnen (ersatzweise über Gräben, die durch Seilchen oder Klebebänder/Bodenmarkierungen gebildet werden): Einfache Turnmatten liegen der Länge nach in einer Richtung mit einem Abstand von ca. 0,50-0,70m hintereinander. Nach freien Versuchen über diese Laufbahnen heißt die Aufgabe: Wer schafft es, immer nur einen Schritt auf den Matten zu machen? Probiert aus, mit wieviel Tempo es am besten geht (Foto 6).

Variation: Wer schafft es jetzt noch, wenn kleine Medizinbälle (sie liegen aus Sicherheitsgründen auf Tennisringen) in den Zwischenräumen sind? (Vgl. hierzu Laufsprünge im Kapitel Springen, Einheiten II und III.)

Größere Medizinbälle liegen in einem Abstand von 0,75m hintereinander. Falls von der Anzahl der Bälle her möglich 2 Reihen bilden. Die Aufgabe lautet: Versucht einen „Pferdchenlauf" über die

Ballreihe. Wer kann wie ein geschicktes Dressurpferd die Beine so bewegen, daß immer nur ein Fuß in den Zwischenraum tritt – ohne zu stolpern? Falls ihr das Gefühl habt, es stimmt nicht mit euren Schritten, könnt ihr schnell zur Seite ausweichen (Foto 6).

Foto 6

Wie zuvor, doch es wird paarweise geübt: Ein Schüler macht den Pferdchenlauf, der Partner macht dasselbe im gleichen Rhythmus, nur nicht über die Bälle, sondern nebenher. Welches Paar schafft es im gleichen Rhythmus? Hört ihr, wie und wann die Füße den Boden berühren? Nach einigen Versuchen erfolgt Rollentausch.

Treppauf laufen: Im Freien nach entsprechenden Gelegenheiten suchen (häufig gibt es auf dem Schulgelände Treppen) und verschiedene Arten, die Stufen zu überwinden, ausprobieren lassen: Versucht, mit möglichst viel Schritten die Treppe hochzulaufen. Versucht jetzt, mit ganz wenig Schritten nach oben zu gelangen. Wie kann man sonst noch die Stufen nehmen? (Mit Schlußsprüngen aufrecht oder in der Hocke, mit Hinken o.ä.)

Bergauf laufen mit ähnlichen Aufgabenstellungen wie zuvor.

Bergab laufen in unterschiedlichen Geschwindigkeiten: Welches Tempo ist für euch noch angenehm? Wie ist das, wenn man ganz schnell bergab läuft?

Kurze Strecken rückwärts laufen in vorgegebenen Bahnen. Seitliche Markierungen nach ca. 10m erleichtern die Orientierung. Was machen die Füße beim Rückwärtslaufen? Könnt ihr auch große Schritte dabei machen?

Laufen „ohne Arme“: Wir spielen, die Arme hängen herunter und sind eingegipst. Wie ist es, wenn ihr mit solchen Gipsarmen schnell laufen sollt? Jetzt hat der Arzt einen Gipsverband entfernt, also: Ein Arm darf helfen beim Laufen, der andere nicht. Wie ist das,wenn nur ein Arm die Laufbewegung unterstützt?

Hindernislaufen

Hindernisbahnen und -läufe in freier Form: Es handelt sich immer um Angebote und um kein „Muß“. Jedes vorsichtigere Kind darf ein Hindernis auch einmal auslassen oder einfach drum herumlaufen. Als Hindernisse eignen sich: Hütchen, Schaumstoffteile, kleine Medizinbälle, Keulen, Teppichfliesen, Trainingsjacken, Kinderhürden, die ganz niedrig einzustellen sind u.a. m. Häufig haben die Schüler selbst gute Ideen und bauen gern solch einen Hindernisparcours auf (Abb. 8).

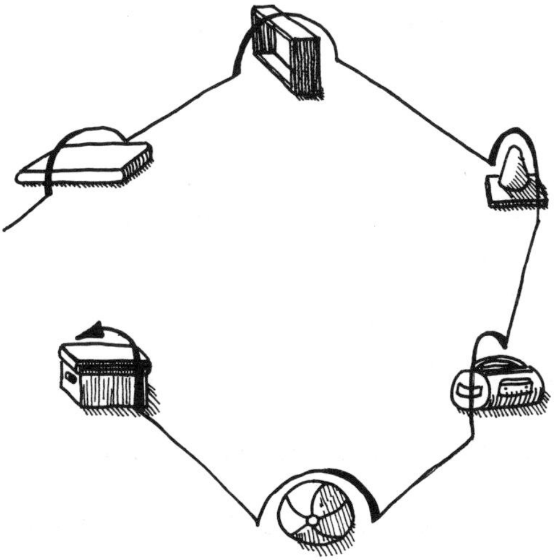

Abb. 8

Laufen in verschiedenen Bahnen mit unterschiedlichen Hindernissen, wobei jeweils eine Bahn gleiche Hindernisse und konstante Abstände dazwischen hat. Die einzelnen Gruppen wechseln ihre Bahn nach einer bestimmten Übungszeit (oder nach einer vorgegebenen Anzahl von Versuchen).

Hindernis-Slalom: Hütchen stehen (oder liegen quer) im Abstand von ca. 4m slalomartig hintereinander, so daß in Kurven zwischen den Hindernissen und über die Hindernisse gelaufen werden kann.

Tief – hoch – tief: In der Laufbahn befinden sich 3 Hindernisse, das erste ist niedrig (z.B. ein Hütchen liegt quer), das zweite ist höher (ein Hütchen steht aufrecht), das dritte ist wiederum weniger hoch. Wer traut sich über alle 3 Hindernisse? (Es wird nur in eine Richtung über die Hindernisse gelaufen; der Rückweg erfolgt außerhalb der Hindernisse an den Seiten!)

Rhythmisches Überlaufen von breiten Gräben: Durch Klebebänder (evtl. auch doppelt gelegte Seilchen) werden so breite Gräben markiert, daß die Schüler beim Überqueren zu einem ver-

Foto 7

größerten Laufschritt gezwungen werden. Das individuelle Laufvermögen der einzelnen wird berücksichtigt durch das Herstellen von 3 Bahnen mit unterschiedlichen Abständen zwischen den Gräben (sie variieren in etwa zwischen 3 und 4,5m); die Grabenbreite bleibt für alle gleich. Die Abstände werden jeweils gemessen von der ersten Grabenlinie zur zweiten, von dort aus zur dritten usw. Das bedeutet, daß die Grabenbreite immer in den Maßen für die Zwischenräume mit enthalten ist. Die Aufgabe heißt: Hier sind 3 Bahnen mit Gräben, die ihr überlaufen sollt. Probiert aus, in welcher Spur ihr flüssig laufen könnt, ohne in einen Graben hineinzutreten. Die Zwischenräume sind nämlich nicht in allen Bahnen gleich (Foto 7).

Variation: In das zweite Drittel eines jeden Grabens werden kleine Hindernisse gelegt (falls vorhanden: Kinderhürden mit einer Höhe von 20-30cm Höhe, sonst Schaumstoffblöcke, Schuhkartons oder anderer Ersatz). Wer kann jetzt noch genau so flüssig über die Hindernisse laufen wie zuvor über die Gräben? (Da für das Überwinden der Hindernisse mehr Energie verbraucht wird als beim Grabenlaufen, müssen unter Umständen die Zwischenräume in allen Bahnen etwas verkürzt werden (Abb. 9).

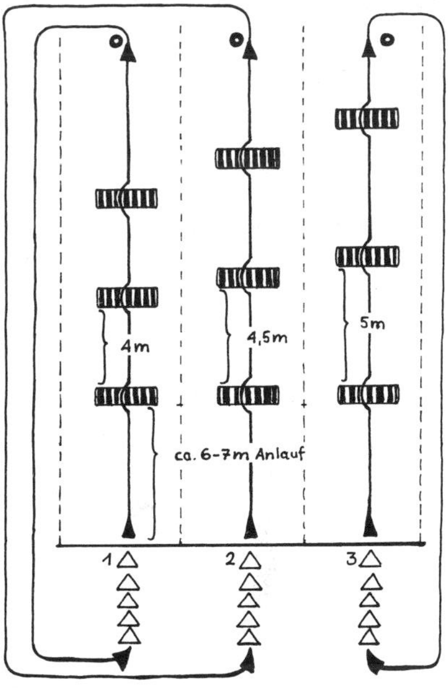

Abb. 9

Dauerlaufen

7- und 8jährige Kinder haben in der Regel noch Probleme mit den Begriffen Zeit-, Tempo- und Streckengefühl sowie den Zielsetzungen, die dahinterstehen (vgl. VOSS/JONATH 1975). Daher sind klar umrissene Angaben und Aufgaben zum WIE des Laufens nötig.

Grundlagenausdauer im Sinne einer allgemeinen Belastbarkeit und Leistungsbereitschaft läßt sich durch Lauf-, Fang- und Ballspiele aller Art entwickeln. Sämtliche Staffelformen – durchgeführt als „Endlos-Staffeln" – dienen in gleicher Weise dieser Zielsetzung. Das Dauerlaufen als eigenständiger Unterrichtsinhalt sollte jedoch in kind- und sachgerechter Weise weiterhin gefördert werden. Um grundsätzlich einmal Aufschluß über den Stand der vorhandenen Belastbarkeit zu erhalten, empfehlen wir, eine gemilderte Abwandlung des „COOPER-Tests" (COOPER 1978, 41ff) im Freien bei angenehmem Wetter durchzuführen. Hierbei erhalten die Schüler folgende Aufgabe: Ich bitte euch, 4 min ohne Unterbrechung zu laufen. Die Zeit ist dann vorbei, wenn ich laut pfeife. Es ist kein Wettlauf, sondern es geht nur darum, für jeden festzustellen, welche Strecke er in dieser Zeit zurücklegen kann. Wer sich schlecht fühlt, darf zwischendurch gehen und dann wieder laufen.

Organisation: Auf der Rundbahn eines Sportplatzes sind alle 100m Fähnchen aufgestellt. Die Schüler arbeiten zu zweit: Einer läuft, der andere zählt die Runden und die darüber hinaus erreichten Fahnenstangen. Alle Ergebnisse werden schriftlich festgehalten. Nach einem Halbjahr sollte ein erneut durchgeführter Test aufzeigen, ob und wie sich die Kinder verbessert haben.

Aufgaben zur Ausdauerschulung

Kontrastaufgaben zur Entwicklung von Tempogefühl: Wechsel von ruhigem Laufen („Spart eure Energie") und Laufen mit Kraft. Im Freien bilden durch Stangen markierte Strecken für die Kinder überschaubare Abschnitte, die sie sich zu bewältigen zutrauen. In der Halle könnte die Aufgabe z.B. so heißen: Lauft die lange Strecke an der Hallenwand ganz langsam, dann das kurze Stück schneller und wiederum die lange Gerade so langsam, daß es nicht viel schneller als das Gehen ist (Abb. 10).

Zu einem vorgegebenen Ziel im Freien (dauer) laufen: Wer kann so gleichmäßig ruhig dahin laufen, daß er am Ziel das Gefühl hat, noch viel weiterlaufen zu können?

Wie zuvor, doch jetzt **mit einem Partner:** Einer von euch läuft die Strecke von vorhin, der andere hat die Aufgabe, nebenher zu gehen. Wenn ihr die Aufgabe zweimal geschafft habt, tauscht ihr bitte die Rollen.

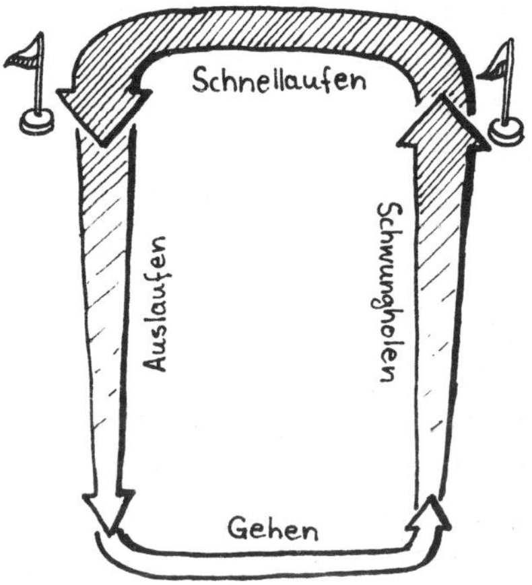

Abb. 10

3 Fahnenstangen stehen in unterschiedlicher Entfernung von einer Ausgangslinie; die Schüler arbeiten wiederum zu zweit: Lauft mit eurer Freundin/eurem Freund gemeinsam um eine Stange herum; ihr dürft euch

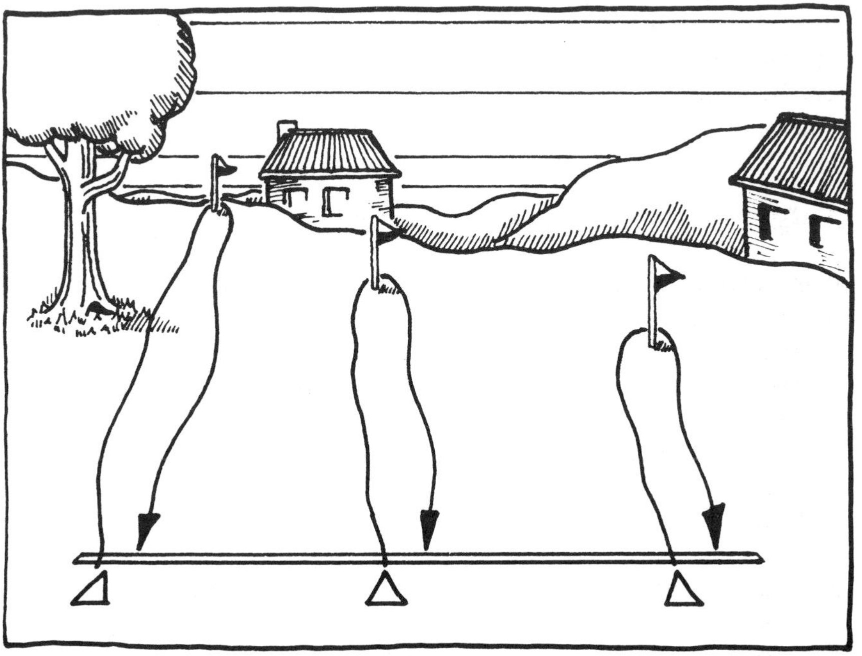

Abb. 11

aussuchen, welche ihr wählt, nur sollt ihr beide die Strecke gemeinsam schaffen (Abb. 11).

Wie zuvor, doch **die Aufgabe soll zweimal gelöst werden**. Die Kinder dürfen selbst entscheiden, wie lang sie die Pause zwischen den beiden Umläufen gestalten.

Minutenläufe gemeinsam mit dem Lehrer: Wir versuchen, eine halbe Minute zu laufen und eine halbe Minute zu gehen; anschließend eine ganze Minute zu laufen und eine halbe (evtl. wiederum eine ganze) Minute zu gehen. Wir probieren alle zusammen aus, ob wir eine solche Reihe noch fortsetzen können. In der nächsten oder übernächsten Stunde testen wir, ob uns dann dieselbe Aufgabe leichter oder schwerer fällt.

Wettkampf im „Langsam-Laufen": Organisationsform: 3 Gruppen, 3 gleichlange Strecken um Fahnenstangen in einer Entfernung von ca. 50-70m. Die Aufgabe heißt: Jede Gruppe versucht, so langsam wie es nur geht, um die Fahnenstangen herum zur Ausgangslinie zurückzulaufen. Auf der Stelle laufen oder Gehen ist nicht erlaubt. Welche Gruppe siegt? (Günstig ist es, 3 Kampfrichter, die nicht mitlaufen, einzusetzen, um das Einhalten der Regel zu überwachen.)

Bei gleicher Organisationsform wie zuvor: Versucht jetzt, in einem für euch angenehmen Tempo die Strecke noch einmal zurückzulegen.

Falls ein Park oder ein anderes geeignetes Gelände zur Verfügung steht: **unter Ausnutzung von Geländeformen in Gruppen laufen** und dabei versuchen, in unterschiedlichen Geschwindigkeiten – verbunden mit Gehpausen – eine bestimmte Zeit in Bewegung zu bleiben.

Einheit III

Fertigkeiten und Inhalte

* Sprintvariationen und Steigerungsläufe
* Laufstaffeln als Pendel- und Rundenstaffel
* Starten auf Kommandos
* Sprinten über 40-50m
* Hindernis- und Hürdenlaufen
* Dauerlaufen über ca. 6-10min

Förderung der Laufgewandtheit und Schnelligkeit

Alle Fang-, Lauf- und Abschlagspiele der beiden vorangegangenen Einheiten dürfen aufgegriffen werden, wenn sie den Schülern Spaß machen. Darüber hinaus:

„Englisch-Fangen": Der abgeschlagene Schüler muß die Körperstelle, an der er beim Abschlagen berührt wurde, mit einer Hand fassen, während er die anderen fangen soll. Kleinspielfelder erleichtern die Durchführung dieses Spielgedankens.

Kettenfangen: Die abgeschlagenen Schüler bilden nach und nach eine immer länger werdende Kette durch Handfassung; sie versuchen gemeinsam, die freien Schüler abzufangen. Wiederum sollte das Spielfeld relativ klein sein.

Keulenrauben (Ballrauben)**:** In der Spielfeldmitte steht eine Reihe Keulen; die Kinder befinden sich – verteilt auf 2 gleich starke Gruppen – an den Schmalseiten, jeweils vor einer Startlinie. Die Aufgabe heißt: Wenn ein Pfiff (oder Ruf) ertönt, dürft ihr loslaufen und versuchen, viele Keulen zu erobern. Jeder darf nur eine rauben. Welche Gruppe schafft am meisten?

Hundehütte: 1-3 Spieler weniger als die Hälfte der gesamten Klasse bilden einen Kreis und stellen sich mit gegrätschten Beinen auf. Die anderen Schüler verteilen sich dahinter und laufen um den

Kreis herum. Auf ein akustisches Zeichen versuchen alle Laufenden, eine „Hundehütte“ zu finden, d.h. sie kriechen rasch zwischen die gegrätschten Beine eines Stehenden. Wer keine Hundehütte gefunden hat, läuft weiter und erhält eine neue Chance beim nächsten Ruf. Zugleich tauschen die übrigen Schüler ihre Rollen.

In der Halle werden mit einem Abstand von etwa 10m 2 Zauberschnüre 30-40cm hoch gespannt (z.B. an Kästen befestigen, die an den Seiten stehen). Von einer gemeinsamen Startlinie aus laufen die Kinder in Viererreihen und erhalten die Aufgabe: Versucht, schnell zum anderen Hallenende zu laufen. Bei der ersten Schnur müssen alle flink darunter her, bei der zweiten geht es nur darüber. Wartet oben, bis alle die Aufgabe durchgeführt haben. Wenn die Reihe vor euch das Durchkriechen geschafft hat, dürft ihr ohne Kommando loslaufen.

Variationen: Jedes Mal unter den Schnüren hindurch; jedes Mal nur darüber; erst über die Schnur, in die alte Richtung unter ihr hindurchkriechen, abschließend nochmals darüberspringen und weiterlaufen.

Laufen mit besonderen Aufgabenstellungen

Kurze Abschnitte auf allen Vieren laufen.

Vorwärts und rückwärts laufen im Wechsel: in einer auseinandergezogenen, verteilten Gruppe mit dem Vorwärtslaufen beginnen (z.B. von der Schmalseite der Halle aus); auf ein akustisches Zeichen rasch abbremsen und in die alte Richtung rückwärts laufen, bis erneut ein Pfiff erfolgt. Interessant ist es, wenn die akustischen Signale nicht in regelmäßigen Abständen ertönen.

Organisationsform wie zuvor, doch jetzt im **Seitgalopp** bewegen.

Laufvariationen: stampfend, geschmeidig, laut, geräuschlos, federnd, schleichend, vorsichtig, mutig, mit großen Schritten, trippelnd laufen. Wer erfindet noch weitere Laufarten? Kann man schnell laufen, wenn die Arme steif neben dem Körper sind?

Wer benötigt am wenigsten Schritte von Linie zu Linie (evtl. einen Partner die Schritte zählen lassen)?

Zu zweit auf einer Diagonalen durch die Halle laufen, dabei gemeinsam aus ganz ruhigem Beginn immer schneller werden (einen Steigerungslauf machen).

Wie zuvor, doch jetzt **gemeinsam schneller werden** (bis zu einer Markierung) und – auf gleicher Höhe bleibend – allmählich das Tempo wieder zurücknehmen.

Zu zweit **mit einem Zeitungsblatt vor der Brust laufen;** die Zeitung darf nicht herunterfallen.

Zu zweit schnell und leicht laufen, **dabei ein Liedchen singen,** um entspannt zu bleiben. Die beiden sprechen den „Gesang" gemeinsam ab.

In Viererreihen laufen; jeder hat einen Gymnastikball: Wer kann den Ball beim Laufen so rollen und wieder aufnehmen, daß er die Aufgabe zweimal auf der vorgegebenen Strecke schafft?

Dreierlauf mit gefaßten Händen: Der mittlere Schüler soll rückwärts laufen; er bestimmt daher das Tempo, dem sich die Vorwärtsläufer anzupassen haben.

Noch einmal zu dritt mit Handfassung: Lauft alle drei gemeinsam vorwärts bis zur weißen Linie, laßt die Hände los, damit sich dort jeder einmal schnell um sich selbst drehen kann, und lauft dann wieder mit Handfassung weiter.

Reagieren, Starten und Beschleunigen

Die Kinder üben in Vierergruppen: Jeweils 2 Schüler schwingen ein Seil, die beiden anderen versuchen, ohne Berührung des Seils hindurchzulaufen. Als Aufgabe kann gestellt werden: Schwingt das Seil so ruhig und gleichmäßig, daß ein jeder von euch das Durchlaufen schafft. Ihr dürft auch Hilfen geben, wann am besten zu starten ist. Wer das Seil schwingt, muß immer wieder abgelöst werden, damit jeder ebenso oft an der Reihe ist.

Gelingt der Mehrzahl der Schüler das Durchlaufen, wird ein Rundlauf organisiert: Zunächst schlagen je 2 Kinder ein Seil auf den Hallenlängsseiten, später auch auf den Schmalseiten. Alle übrigen versuchen, nach und nach so durch die geschwungenen Seilchen zu laufen, daß ein Rundlauf ohne Stockungen in Gang kommt.

Kreis gegen Kreis: Ein Außen- und ein Innenkreis bewegen sich leicht trabend in entgegengesetzter Richtung. Auf ein akustisches Signal hin fliehen alle Schüler des Außenkreises an die Schmalseiten der Halle (des Spielfeldes). Gleichzeitig heißt die Aufgabe für den Innenkreis: Versucht, möglichst viele von den Flüchtenden abzuschlagen.

Eine vorgegebene Strecke (z.B. die Diagonale einer Turnhalle oder 25m im Freien) wird durch Fahnenstangen nach dem ersten und nach dem zweiten Drittel unterteilt. Die Schüler üben jeweils paarweise und erhalten die Aufgabe: Lauft von der Startlinie aus ganz schnell bis zum zweiten Fähnchen und bremst dann allmählich ab. Die ersten zwei erhalten ein Kommando zum Loslaufen; alle übrigen Paare starten, wenn die Läufer vor euch am ersten Fähnchen vorbeikommen. Der Rückweg erfolgt sehr langsam an den Seiten, so daß die Läufer nicht gestört werden.

Wie zuvor, doch es wird aus unterschiedlichen Positionen heraus gestartet: aus dem Hochstart (in Schrittstellung), aus der Hocke, aus dem Sitz, mit dem Rücken zur Laufrichtung u.a.m.

Wie zuvor, doch die durch die Fähnchen markierte Strecke wird zum Slalom, indem jeweils 4 Medizinbälle für die Läufer hineingelegt werden.

Noch einmal starten und sprinten zu zweit: Der Start erfolgt in der Mitte der Hallenlängsseite, der eigentliche Sprint wird zum Kurvenlauf um aufgestellte Hütchen. Derjenige, der das erste Mal die Kurve weiter außen laufen muß, darf beim zweiten Mal die Innenkurve durchsprinten. Wer will noch einmal freiwillig außen laufen und versuchen, mit dem „Innenläufer“ auf gleicher Höhe zu bleiben?

In Viererreihen aus der Hochstartstellung von einer Startlinie aus auf Kommando sprinten über 10-15m. Beim Hochstart genügt das Kommando: „Auf die Plätze – los!“ oder „Fertig – los!“

Fliegend starten wie die Radfahrer (falls dieser Begriff den Schülern daher bekannt ist)**:** Nach einem ruhigen Antraben über etwa 8-10m wird von einer dort gezogenen Startlinie aus plötzlich beschleunigt (Abb. 12).

Abb. 12

Wie zuvor, doch falls Zeit, Gelegenheit und schönes Wetter vorhanden sind, „fliegend“ 30m auf Zeit laufen. Für die Kinder sollte in diesem Fall nicht entscheidend sein, welche Zeit sie absolut gesehen erreichen, sondern wieviel schneller sie 30m fliegend laufen als aus dem einfachen Hochstart. Organisation: Beim fliegenden Start ist ein Zwischenstarter nötig. Er steht an der Linie nach dem Antraben über die 8-10m, hält während des Anlaufens seinen rechten Arm hoch und läßt ihn schnell fallen, wenn der Läufer die Linie neben ihm passiert. Dieses Zeichen setzt beim Zeitnehmer die Stoppuhr in Gang. Nach Durchlaufen der Strecke wird dann die endgültige Zeit genommen. Bei ungeübten Zeitnehmern empfehlen wir, beim fliegenden Sprint die Kinder einzeln laufen zu lassen, da sie das Antraben oft nicht in gleichem Tempo schaffen, so daß der Zwischenstarter nicht genau arbeiten kann.

Schnellaufen über 30-50m aus dem Hochstart auf Kommando, gelegentlich auch mit Zeitmessung. Der zeitnehmende Lehrer ist auf Schüler als Starter angewiesen. Der Starter muß so stehen, daß der am Ziel postierte Zeitnehmer dessen Zeichensprache gut erkennen kann. Mit dem Kommando „Auf die Plätze“ (oder nur „Fertig“) hebt er beide Arme seitlich neben den Kopf. Beim Wort „Los“ schließt er sie gleichzeitig über dem Kopf. Die Sprache zum Hören ist für die Läufer, die Arme als Sichtzeichen sind für den Zeitnehmer gedacht (Abb. 13).

Abb. 13

Häufig wollen besonders ehrgeizige Kinder ein zweites und drittes Mal nach Zeit laufen, weil sie glauben, dann schneller zu sein. Aus trainingstheoretischer Sicht dürfte ein zweiter Sprint über 50m bei Kindern dieser Jahrgangsstufe erst nach vollständiger Erholung durchgeführt werden, wozu die Sportstunde meistens nicht ausreicht. Lehrer sollten daher diesen Wunsch nicht erfüllen, jedoch erklären, warum es nur bei einem Versuch bleibt.

Lauf- und Geschicklichkeitsstaffeln

Pendelstaffeln über 20-30m mit und ohne Übergabe eines Stabes. Die Ablaufpositionen aller Mannschaften sind deutlich durch Linien und Fahnenstangen gekennzeichnet. Lehrer und Schüler erarbeiten gemeinsam „am verkleinerten Modell“, wie man am günstigsten zum Stabannehmen steht, welche Hand- bzw. Stabhaltung sich anbietet und wie die Laufwege am zweckmäßigsten zu regeln sind. Vereinfachend gilt für alle: rechts annehmen – links abgeben (Abb. 14).

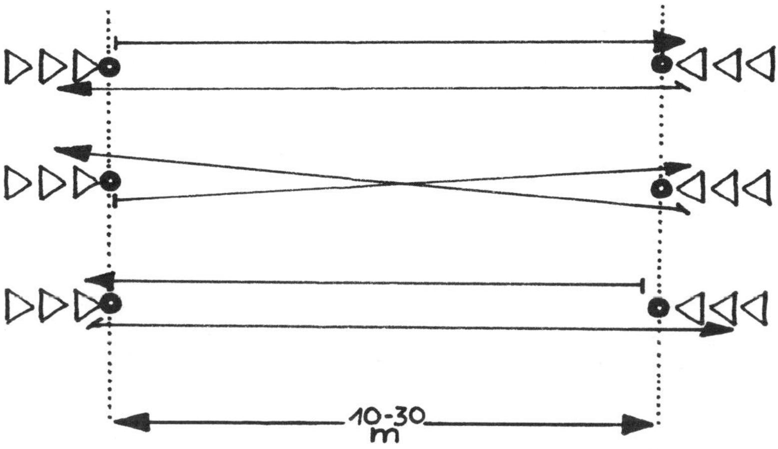

Abb. 14

Pendelstaffeln mit Zusatzaufgaben ohne Stab, wobei die Kinder selbst fantasievolle Variationen einbringen. Hier einige Vorschläge: Mit einem Hütchen auf dem Kopf muß ein Medizinball transportiert werden; zusätzliche Kleidung ist an- und auszuziehen; eine „Botschaft" ist zu überbringen; in der Mitte der Laufstrecke sind breite Gräben zu überwinden; es darf nur paarweise gelaufen werden; in der Mitte muß eine ganze Körperdrehung erfolgen u.a.m. (Abb. 15).

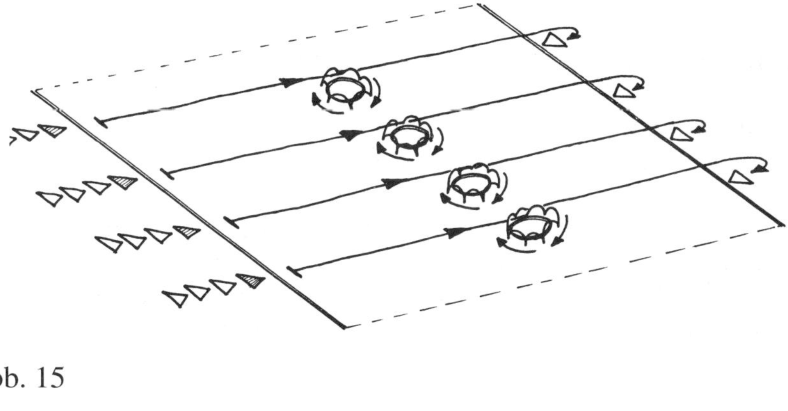

Abb. 15

Von der Stabübergabe im Stand zur Stabübergabe in der Bewegung (Stabwechsel in Laufrichtung)

Ohne großen organisatorischen Aufwand lassen sich Pendelstaffeln so umwandeln, daß der „fliegende Wechsel" vorbereitet wird. Als geeignete Zwischenform empfehlen wir Wendestaffeln: Jeder Läufer hat zum einen eine Wendemarke vor sich, zum anderen auch noch die eigene Mannschaft (hinter der unter Umständen auch noch eine Wendemarke steht) zu umlaufen. Somit erfolgt die Stabübergabe nicht mehr als „Gegeneinander", sondern als „Miteinander", nämlich in Bewegungsrichtung des ablaufenden Staffelkameraden. Allerdings ist jetzt bei dieser Art der Stabübergabe neu zu beachten und zu erarbeiten, daß der mit der rechten Hand annehmende Schüler während des Laufs den Stab in die linke Hand zu wechseln hat; denn das Prinzip: rechts annehmen – links abgeben bleibt erhalten. Bei Wendestaffeln sind die einfachen Strecken kurz zu halten, damit die Gesamtstrecke nicht mehr als 30-40 m beträgt. Die nachfolgenden Skizzen geben 2 Grundmuster für das Arrangieren von Wendestaffeln an (Abb. 16 und 17).

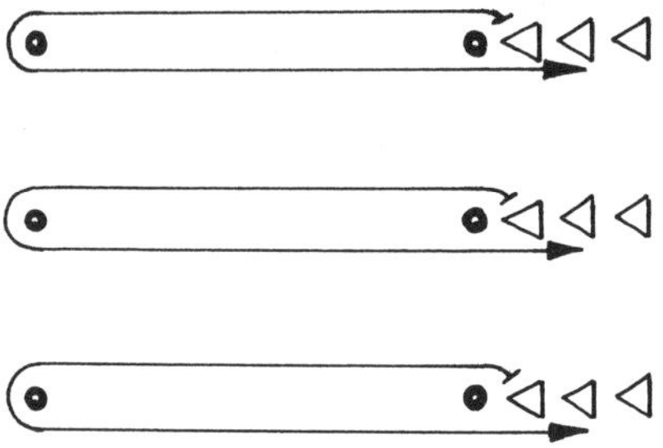

Abb. 16

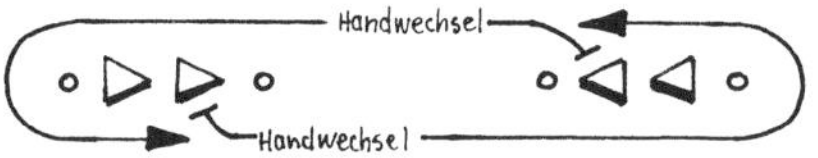

Abb. 17

Variationen: Wendestaffeln über kurze Distanzen (einfache Strecke ca. 10m): bis zur Wendemarke nur hüpfen (hinken, auf allen Vieren, im Seitgalopp o.ä.), anschließend sprinten.

Einfache Rundenstaffel: 4 gleich starke Mannschaften nehmen an 4 Ecken eines Spielfeldes – jeweils hinter einer Fahnenstange – Aufstellung. (Falls in der Halle unterrichtet wird: Es muß hinter jeder Mannschaft genügend Abstand zur Hallenwand sein, d.h. die Schüler stehen innen im Feld vor den Fähnchen.) Jeder Läufer hat eine Runde mit dem Stab in der Hand zurückzulegen (wiederum muß der Stab nach der Annahme von der rechten in die linke Hand gewechselt werden) und übergibt dann dem nächsten aus seiner Gruppe (Abb. 18).

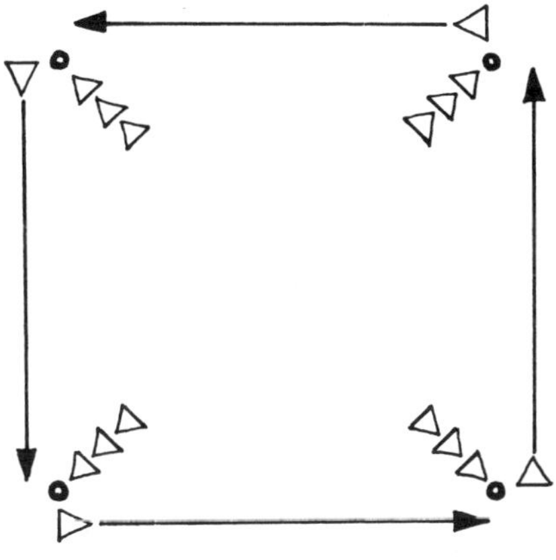

Abb. 18

Einfaches Hindernis-/Hürdenlaufen

Laufen über Hindernisse gestaltet sich für die Mehrzahl der Kinder interessanter als bloßes Geradeauslaufen. Der Begriff „Hindernis“ steht hier für variable Möglichkeiten, einen sprintähnlichen Lauf in mehr oder weniger regelmäßigen Abständen durch „kleine Handicaps“ zu unterbrechen. Wie bereits in den vergangenen Einheiten dargestellt, eignen sich zunächst breite, flache Gräben (markiert durch Klebebänder, Seilchen, Parteibänder) am besten. Sie erlauben den Kindern das Beibehalten eines sprintähnlichen Laufs. Bei angemessener Grabenbreite ergibt sich zugleich eine hürdenspezifische Schwungbeinbewegung, in dem das erste Bein (das Hürden- oder Schwungbein) im Kniegelenk gestreckt wird. Hindernisse als Erhöhungen dürfen für die Kinder niemals starr sein; also keine Schwebebänke benutzen, auch nicht, wenn sie umgekippt werden. Günstiger sind Hütchen oder Medizinbälle (die auf Tennisringen liegen), die später in das letzte Grabendrittel gestellt werden. Vorsichtigen Kindern wird dadurch erlaubt, seitlich auszuweichen. Sie probieren, erst einmal nur mit einer Körperhälfte das Hindernis zu überwinden. Weitere Möglichkeiten: Gymnastikstäbe, die auf 2 nebeneinander angeordneten Medizinbällen liegen.

Durchweg zeigt sich in jeder Jahrgangsstufe ein großes Leistungsgefälle. Lehrende sollten sich folglich die Mühe machen, Hindernisbahnen mit unterschiedlich langen Zwischenräumen aufzubauen. Der Anlauf zum ersten Graben oder Hindernis darf jedoch für alle gleich sein.

Ein methodisches Hilfsmittel zum gemeinsamen Aufbau (mit Kindern) von unterschiedlich großen Zwischenräumen für das Hindernislaufen ist **das Knotenband:** Es ist eine Schnur, in die verschiedenfarbige Bändchen – entsprechend den unterschiedlichen Hindernisabständen – eingeknotet sind. Ist solch eine Schnur einmal hergestellt, können 2 Schüler diese Leine auslegen, und der Lehrer kennzeichnet rasch die unterschiedlichen Orte für die einzelnen Hürdenbahnen. Am Anfang mag das Aufbauen von 3 nach Zwischenräumen differenzierten Laufstrecken kompliziert erscheinen. Bei mehrmaligen Wiederholungen wird dieses Problem jedoch immer schneller lösbar (Abb. 19).

Mit Hilfe folgender Fragen/Aufgabenstellungen können bereits **hürdenspezifische Handlungsziele** erarbeitet werden:

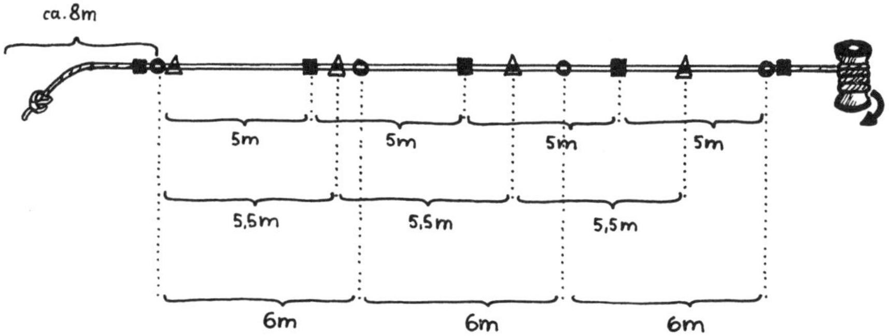

Abb. 19

Lauft in den Bahnen über die Gräben (Hindernisse) und versucht herauszufinden, in welcher Spur ihr am flüssigsten ans andere Ende kommt (es wird ausschließlich in ein- und dieselbe Richtung gelaufen; der Rückweg dient der Erholung und erfolgt an den Außenseiten).

Was bedeutet es, möglichst flüssig zu laufen? (Denkbare Antworten: Ich brauche nicht zu trippeln; ich schaffe es ganz schnell; ich muß nicht hinüberspringen; ich brauche nicht vorher abzubremsen; ich kann zwischen den Hindernissen sogar noch schneller werden.)

Wer kann so flink und leise laufen, daß ich beim Hören gar nicht unterscheiden kann, ob er zwischen den Gräben oder über die Gräben (Hindernisse) läuft?

Seid ihr schneller, wenn ihr über die Hindernisse springt oder lauft? Wer weiß, ob es in der Leichtathletik Hürdenlaufen oder Hürdenspringen heißt? Was ist der Unterschied zwischen „überlaufen" und „überspringen"?

Obwohl Kinder der dritten und vierten Jahrgangsstufe bei geeigneter methodischer Aufbereitung ohne Bewegungsbeschreibungen das leichtathletische Hürdenlaufen mühelos lernen können, soll eine Technikschulung im engeren Sinne hier nicht im Vordergrund stehen. Daher dürfen die Kinder auch einmal einen **Slalomhürdenlauf** mit versetzt stehenden Hindernissen ausprobieren. Andere Variationsmöglichkeiten:

Die Hindernisse sind unterschiedlich hoch, z.B.:

- flach – höher – am höchsten,
- hoch – flach – hoch,
- hoch – niedriger – ganz flach.

Kurvenhürdenlauf: Die Hürden oder Hindernisse (oder auch nur die Gräben) sind auf einer langgezogenen Kurve angeordnet.

Der längere Lauf (Dauerlaufen)

Im dritten Schuljahr lernen die Kinder in der Regel, mit der Uhr umzugehen. Im Mathematikunterricht werden u.a. Aufgaben mit Zeitangaben gerechnet. Hierdurch verbessern sich die Voraussetzungen, im Sportunterricht Zeit- und Tempogefühl als Fähigkeiten zu entwickeln, die das Dauerlaufen erleichtern. Allerdings muß das Problem der Motivation weiterhin berücksichtigt werden.

Um das Laufen nicht monoton werden zu lassen, sind besondere Aufgabenstellungen und Anreize durch Hindernisse oder Spiel- und Staffelformen zweckmäßig; denn Eintönigkeit führt zu „psychischer Ermüdung", welche die Kinder das Laufen beenden läßt, ohne daß sie es wegen zu hoher Beanspruchung tun.

Aufgaben und Übungen zum „Zeitgefühl“:

Lauft frei durch die Halle (oder im Freien auf diesem Platz herum) und weicht euch geschickt dabei aus. Wenn eine Minute vergangen ist, mache ich einen lauten Pfiff. (Anschließend folgt eine Gehpause.)

Ihr dürft jetzt alle Hindernisse im Raum (Kästen, Bälle, Reifen, Kartons, Taschen) umkreisen oder überspringen. Die Aufgabe heißt dabei: wiederum eine Minute lang in Bewegung bleiben. (Anschließend folgt eine Gehpause und die Aufgabe wird danach im gleichen Zeitrahmen wiederholt.)

Lauft noch einmal frei verteilt auf dem ganzen Feld und achtet auf eure Atmung. Ihr sollt nicht irgendwie besonders atmen, sondern nur einmal darauf achten, wie die Atmung bei euch von selbst verläuft. Nach einer Minute erfolgt ein Zeichen zum Weitergehen. Im Anschluß daran bespricht der Lehrer, wie man atmet: Wenn man sich anstrengt und nicht genug Luft durch die Nase bekommt, darf jeder durch den Mund (oder durch Mund und Nase) einatmen. Ruhiges und langes Ausatmen erleichtert das Durchhalten eines längeren Laufs.

Ihr seid jetzt jedes Mal eine Minute lang gelaufen. Wir tun es noch einmal gemeinsam; ich gebe ein Zeichen zum Anfangen und zum Aufhören. Versucht, euch diese Zeitspanne zu merken.

Die Aufgabe heißt jetzt: Ich gebe nur ein Zeichen zum Loslaufen. Wenn ihr das Gefühl habt, daß eine Minute vergangen ist, bleibt ihr stehen. Jeder soll das aber nach seinem eigenen Zeitgefühl machen. Am Ende verrate ich euch, wie euer Zeitschätzen ausgefallen ist.

Minutenläufe in Kleingruppen im Freien. Die Kinder dürfen nach Sympathie zusammengehen; pro Gruppe erhält einer eine Stoppuhr. Die Aufgabe lautet: Versucht, eine Minute lang ohne Unterbrechung zu laufen, dann eine Minute zu gehen; danach 2 Minuten zu laufen und 2 Minuten als Gehpause zu gestalten. Welche Gruppe kann das nach gleicher Art noch weiter fortsetzen? Die

Kinder notieren sich, wieviel Minuten sie an einem Stück auf diese Weise laufen können.

Aufgaben und Übungen zum Tempogefühl

Für die meisten Kinder bedeutet es noch ein Problem, mit ihren Kräften beim längeren Laufen hauszuhalten. Häufig zwingt sie ein zu hohes Anfangstempo, den Lauf abzubrechen. Es geht in den folgenden Übungen darum, ein Gefühl für schnell, langsam und allmählich auch für Abstufungen zwischen diesen Extremen zu entwickeln.

3 „Fahrbahnen“ werden markiert, eine langsame, eine mittlere, eine schnelle. Die Kinder versuchen, in 3 verschiedenen Geschwindigkeiten auf diesen Fahrbahnen zu laufen und zwar immer nur in eine Richtung. Pausen entstehen somit durch langsames Zurückgehen neben oder zwischen den Fahrbahnen. Gelingt es jedem, nacheinander in drei erkennbaren Geschwindigkeiten zu laufen?

Wie zuvor, doch in Verbindung mit einem Ball, der geprellt wird: In der langsamen Spur dürft ihr den Ball ganz oft prellen und wieder fangen, in der mittleren Spur deutlich weniger oft und in der „Schnellspur“ versucht ihr, nur wenige Male zu prellen.

In der Gruppe zu vorgegebenen Orten laufen: ganz langsam hin und etwa doppelt so schnell zurück. Wer schafft es, sein Tempo so zu dosieren, daß er die Aufgabe mehrmals lösen kann?

Dreiecks- (oder Vierecks-)**lauf:** Ein gleichseitiges Dreieck (alternativ: ein Quadrat) mit einer Seitenlänge von etwa 25m bilden. Die Ecken sind durch Fahnenstangen gekennzeichnet. Je ein Drittel der Klasse steht als Gruppe hinter einer Stange. Alle 10sec erfolgt ein akustisches Signal. Die Aufgabe heißt: Lauft als Gruppe von Ecke zu Ecke. Die Kunst dabei ist, mit jedem Ton gleichzeitig das nächste Fähnchen zu erreichen. Ihr sollt also das Tempo so steuern, daß ihr weder zu langsam noch zu schnell seid. Wer zu früh am Fähnchen ankommt, muß auf der Stelle laufen, bis das nächste Zeichen ertönt.

Einheit IV

Fertigkeiten und Inhalte

* Laufvariationen: Ballenlauf, Drucklauf, Sprunglauf, Kniehebelauf
* Starten aus Hoch- und Tiefstart
* Sprint über 50m
* Staffellaufen
* Hindernis- und Hürdenlaufen
* Dauerlaufen über ca. 8-12min

Sind die vorangegangenen Einheiten systematisch durchgearbeitet worden, geht es in der vierten und letzten Einheit vornehmlich um Ausdifferenzierungen und Verfeinerungen alles Gelernten. In der Regel bereiten die Spiel- und Laufformen der bisherigen Einheiten auch noch den 10-11jährigen Schülern Freude. Darum sollte die Trennung nach Jahrgangsstufen nicht zu formalistisch gesehen werden. Kein Lehrender muß sich vor Wiederholungen scheuen.

Allgemeine Lauf- und Gewandtheitsschulung

Fangen auf kleinem, deutlich abgegrenztem Raum. Es darf nur auf allen Vieren gelaufen, nur gehinkt oder nur gehüpft werden. Wie bei vielen Nachlaufspielen empfehlen wir auch hier, auf mehreren kleinen Feldern getrennt in Gruppen gleichzeitig spielen zu lassen.

Auf größerem Feld: 3-4 Fänger versuchen, die restlichen Schüler zu fangen. Wer auf der Stelle Hampelmannsprünge ausführt, darf nicht abgeschlagen werden.

Nummernwettlauf: Vor einer Startlinie verteilt, bilden die Schüler gleich starke Mannschaften zu viert oder fünft. Die einzelnen Schüler jeder Mannschaft sitzen hintereinander auf dem Boden, von 1 bis 4 (5) durchnumeriert. Jeder muß wissen, welche Nummer er ist. Vor jeder Mannschaft liegen in etwa 10-15m Entfernung Medizinbälle. Die Aufgabe heißt: Der Schüler, dessen Nummer aufgerufen wird, muß so schnell wie möglich um den Ball herum wieder auf seinen Platz laufen (zuvor noch um seine eigene Mannschaft herum). Die Mannschaft, deren Mitglied seinen Platz zuerst erreicht, erhält einen Punkt.

Mannschaftspuzzle: Einteilung und Anordnung in Mannschaften wie zuvor; pro Mannschaft soll ein Puzzle zusammengesetzt werden, wobei jeder Schüler der Reihe nach einmal dran ist. Das Puzzle besteht z.B. aus einem großen Pappelefanten, der in Stücke geschnitten ist. Solch ein Puzzle kann im Kunstunterricht hergestellt werden. Zu Beginn sind alle Puzzleteile bei den Mannschaften; das Zusammensetzen der Teile erfolgt jedoch nach Zurücklegen einer vorgegebenen Laufstrecke in markierten Kreisen auf dem Hallenboden.

Laufen mit besonderen Aufgabenstellungen

Kleine Strecken rückwärts laufen (z.B. in Reihen).

Vorwärts und rückwärts laufen im Wechsel auf akustische Zeichen. Die Aufgabe heißt: Beginnt mit dem Vorwärtslaufen. Wenn ein lauter Ton (Trommelschlag) erfolgt, macht bitte eine halbe Drehung und lauft in der gleichen Richtung wie zuvor weiter, aber jetzt rückwärts. Beim nächsten Ton geht es dann wieder vorwärts weiter. Wem gelingt es, immer schnell umzuschalten, ohne durcheinander zu geraten? Auch ohne einen anderen zu berühren?

Wer kann aus dem Hopserlauf vorwärts auf ein Zeichen eine halbe Drehung ausführen und rückwärts weiterhopsen? Kann man überhaupt den Hopserlauf rückwärts machen?

Zu zweit ruhig auf einem abgegrenzten Raum frei durcheinander laufen. Wenn ein Zeichen ertönt, sollen die zwei zusammengehörigen Schüler sich anfassen und **gemeinsam 5 Hinksprünge ausführen.** Anschließend erfolgt eine Gehpause mit Partnerwechsel.
Zu zweit diagonal durch die Halle laufen, jeweils langsam gehend an den Seiten zum Ausgangspunkt zurückkehren. Zum Laufen erhalten die Schüler besondere Aufgaben:

Versucht, so leichtfüßig zu laufen, daß nur ganz wenig Fußfläche den Boden berührt. (Wer kann so laufen, als hätte er nur Schuhgröße 17?)

Drucklauf: leichtfüßig über die Ballen laufen. Wer kann sich mit jedem Schritt schnell und leicht abdrücken, so daß er einen kleinen Augenblick in der Luft schwebt? Hört ihr, wann und wie ihr die Füße aufsetzt?

Wieviel Schritte braucht ihr mit solch einem Drucklauf von Linie zu Linie? (Entfernung ca. 15m; günstig ist Partnerarbeit: einer übt, der Partner zählt.)

Wieviel Schritte werden es, wenn ihr so lauft, wie es euch am bequemsten ist?

Wie ist das Gefühl, wenn ihr jetzt schnell lauft und eure Füße immer mit den Fersen zuerst den Boden berühren?

Lauft nun mit ganz steifen „Gipsarmen", jetzt wieder so, wie ihr es ohne zu überlegen tut.

Jeder Schüler darf einmal Lehrer sein und bestimmen, auf welche Weise gelaufen werden soll.

Laufen über eine Medizinballreihe; die Bälle liegen ungefähr 0,75m voneinander entfernt auf dem Boden. Die Medizinbälle sollen zum Kniehebelauf auffordern.

Gelegenheiten zum Treppenlaufen suchen und nutzen: Versucht, schnell die Treppe hochzulaufen, dabei aber auf jede Stufe zu treten.

Treppenlauf-Variationen: Probiert aus, in welchem Rhythmus oder in welcher Stufenfolge ihr leicht und schnell nach oben laufen könnt.

Übt jetzt zu zweit an der Treppe: Der eine denkt sich eine Form aus, der andere versucht, sie nachzuvollziehen.

Wie ist es, wenn ihr treppab lauft?

Statt treppauf und -ab auf Hänge oder Hügel bergauf und -ab laufen.

Lauf- und Hüpfformen mit dem Springseil in allen Variationen. Die Kinder dürfen selbst probieren, erfinden, anregen. (Hat sich das Repertoire bezogen auf das Seilchenspringen mit zunehmendem Alter erweitert? Wird Seilchenspringen noch als Freizeitbetätigung ausgeübt?) Kann man beim Seilchenspringen auch berghoch kommen?

Was könnt ihr **zu zweit mit einem Seil** an Lauf- und Sprungmöglichkeiten erfinden?

Was geht **zu dritt mit einem Seil**?

Verbesserung der Laufschnelligkeit

Hierfür eignen sich sämtliche Pendel-, Wende- und Rundenstaffelformen, die in den Einheiten II und III beschrieben wurden, genauso wie alle Fang- und Abschlagspiele. Als Prinzip gilt: Schneller wird man nur durch schnelle Bewegungen, d.h. leichtathletisch gesprochen: Kurze Strecken müssen maximal (oder fast maximal) schnell durchlaufen werden. Zwischen den einzelnen Aufgaben bzw. Wiederholungen soll genügend Zeit zum Regenerieren angeboten werden, denn im ermüdeten Zustand gibt es wenig Schnelligkeitsgewinn – trotz fleißigen Übens. In Staffelformen strengen sich die Kinder meistens gerne an. Bei Pendelstaffeln braucht die Strecke nicht länger als 20-30m zu sein, bei Wendestaffeln verkürzt sie sich dementsprechend um die Hälfte.

Weitere Möglichkeiten zur Schnelligkeitsentwicklung:

Eine leichte Schräge hinunterlaufen. Das Gefälle darf allerdings nicht zu groß sein.

Beim Durchlaufen einer kurzen Strecke **laut schnell zählen**, dabei versuchen, die Schritte so rasch wie die genannten Zahlen folgen zu lassen.

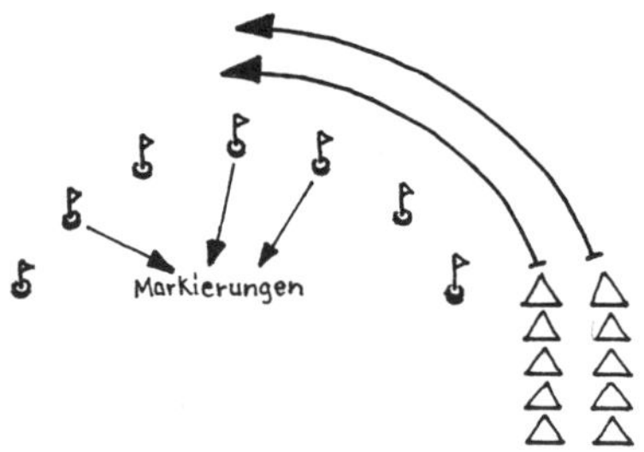

Abb. 20

Kurvensprints: Legt euch in die Kurve (markiert durch Fähnchen oder Hütchen) und lauft so schnell ihr könnt (bis zum vorgegebenen Ziel nach 10-15m Entfernung) (Abb. 20).

Wer kann am meisten Laufschritte auf der Stelle machen? Der Lehrer gibt zu Beginn (und dann nach 10 sec) ein akustisches Signal, auf das hin die Hälfte der Schüler maximal schnell auf der Stelle läuft – mit Hochheben der Knie. Die andere Hälfte zählt jeweils bei einem ihm zugeordneten Partner; anschließend Rollentausch.

Steigerungsläufe zu zweit über ca. 20-30m: Versucht, gemeinsam und ganz allmählich eure Geschwindigkeit zu steigern. Könnt ihr beim Schnellaufen noch miteinander reden (dabei singen)?

Starten und Sprinten

Nummernwettlauf-*Variationen:* Die Gruppen erwarten das Aufrufen der Nummern in verschiedenen Ausgangspositionen, z.B. im Langsitz, im Sitz mit dem Rücken zur Laufrichtung, im Kniestand.

Starten aus dem Rückwärtslaufen. Die Kinder, die an der Reihe sind, gehen jeweils nach vorn zu einer Linie, von der aus sie ohne Behinderung rückwärts laufen können, bis ein akustisches Signal sie zum Lossprinten vorwärts auffordert.

Fallstarts, Organisation in Reihen zu viert: Wenn ich „Jetzt“ sage, fallt ihr wie ein „Toter Mann“ mit gestrecktem Körper nach vorn und lauft dann schnell los (bis zu den Stangen in 12m Entfernung).

Organisation wie zuvor; der Ablauf erfolgt als **Hochstart** aus einer leichten Schrittstellung.

Tiefstart vorbereitende Aufgaben: Lauft zu dritt ganz langsam bis zur ersten Linie (nach 5m), springt dort in eine Schritthocke, um daraus ganz schnell wegzusprinten. (Als Anreiz wieder eine Zielmarkierung in 10-15m Entfernung aufbauen.) Bei Wiederholungen die Partner wechseln.

Noch einmal zu dritt: In einer Stellung, die der Fertigstellung beim Tiefstart in etwa ähnlich ist, am Boden kauern. In dieser Ausgangsposition einige Male beide Füße gleichzeitig kurz vom Boden lösen und auf ein akustisches Signal eine kleine Strecke sprinten (Foto 8).

Foto 8

Dreipunktstart: Die beiden Füße (in Schrittstellung) und eine Hand befinden sich am Boden. Aus dieser Position wieder auf ein akustisches Signal rasch lossprinten (Foto 9).

Foto 9

Tiefstart mit Kommando

In der Regel ist in der Ausgangsstellung „Auf die Plätze“ das stärkere Bein das vordere Bein (also näher an der Startlinie). Falls einige Kinder ihr stärkeres Bein nicht kennen, erhalten sie die Aufgabe: Mache 3 Hinksprünge links, 3 mit rechts. Mit welchem Bein kommst du weiter? Eine andere Möglichkeit: Das Bein, das beim Fallstart automatisch (unbewußt) den ersten Schritt macht, sollte das vordere Startbein werden. Wenn Kindern egal ist, mit welchem Bein sie starten, sollte man sie gewähren lassen. Eine weitere Faustregel: Der erste Fuß ist knapp 2 Fußlängen von der Startlinie, der zweite 3-3,5 Fußlängen von ihr entfernt. Die Finger sind mit abgespreiztem Daumen seitlich und parallel zur Startlinie aufgesetzt. Das Gewicht ist auf Händen und Füßen verteilt. In der Fertigstellung sollte das Gesäß nur ein wenig höher als die Schultern gehoben werden. Da die Startenden sich nicht selbst sehen, sondern diese Position erfühlen müssen, hilft Partnerarbeit: Einer übt, der andere beobachtet und dirigiert mit Handauflegen das Gesäß in etwa in die gewünschte Position. Nach der Korrektur durch den

Partner entspannen sich alle Übenden noch einmal und versuchen allein, die angemessene Position zu finden.

Grundschulkinder wollen zumeist von sich aus den Tiefstart beim Schnellaufen ausführen, weil sie es aus Beobachtungen von Wettkämpfen so kennen. In der Regel erzielen 10-11jährige noch keinen Zeitgewinn aus dem Tiefstart; sie sind mit Sicherheit aus dem Hochstart schneller. (Der Lehrer könnte diese These einmal experimentell überprüfen, indem er seine Schüler a) aus dem Hochstart, b) aus dem Tiefstart eine Kurzstrecke mit Zeitmessung laufen läßt.) Doch selbst wenn der Tiefstart keinen Zeitgewinn verspricht, kann er mit Grundschülern geübt werden, wenn er Spaß macht und weil er das Bewegungsrepertoire erweitert.

Verbesserung des Stabwechsels in Staffelformen

Die in der dritten Einheit vorgestellten Staffelformen sollten zunächst erneut aufgegriffen und wiederholt werden. Sie lassen sich anschließend so variieren, daß sich sowohl der stabbringende als auch der stabannehmende Schüler in der Bewegung befinden. Um die andere Stabhaltung beim fliegenden Wechsel erfahren zu

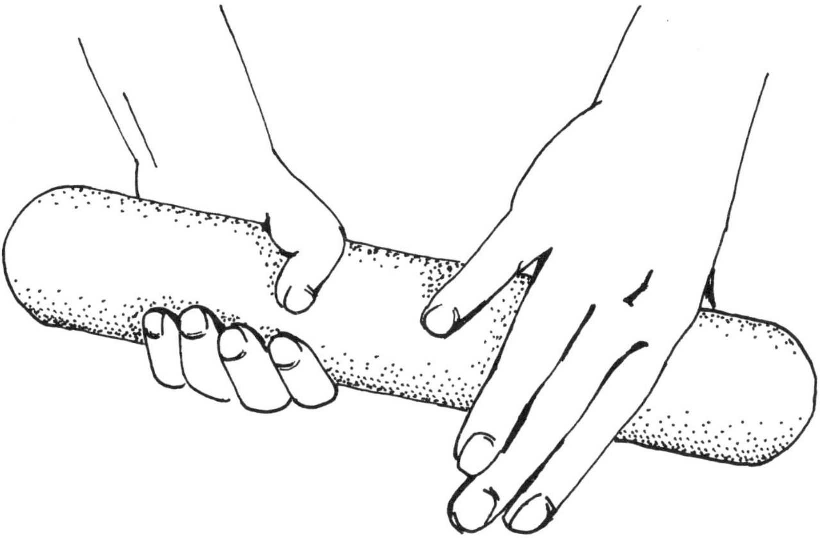

Abb. 21

können, empfehlen wir, die Kinder erst einmal zu zweit erproben zu lassen, mit welcher Stabhaltung man am besten in der Bewegung übergibt. Die Aufgabe heißt: Lauft langsam zu zweit ziemlich dicht hintereinander her, der Hintere hat den Stab in der linken Hand. Der Vordere soll ihn auf Zuruf mit der rechten Hand greifen. Wie könnt ihr dieses Problem am besten lösen (Abb. 21)?

Anwendung eines einfachen fliegenden Wechsels in der Halle: **Rundenstaffel mit 4 Mannschaften**, die so in den 4 Hallenecken stehen, daß die Läufer auf einer großen Runde außen vorbeilaufen können. Jeder Läufer einer Mannschaft hat eine Runde mit dem Staffelstab in der Hand zurückzulegen und muß den Stab rechtzeitig vor der Übergabe in der linken Hand halten. Der annehmende Läufer darf – nach Augenmaß – kurz vor der Stabübergabe bereits langsam loslaufen, so daß der Wechsel in der Bewegung erfolgen kann. Das Fernziel ist eine Stabübergabe ohne Blickkontakt, dafür jedoch auf Zuruf: der stabbringende Läufer ruft „Jetzt“ oder „Hepp“, wenn der staberwartende den rechten Arm nach hinten zur Annahme ausstrecken soll.

Hindernis- und Hürdenlaufen

Viele Lehrer scheuen zwar den Aufwand des Aufbauens von kleinen Hürden oder Hindernissen; es ist jedoch immer wieder feststellbar, daß die älteren Grundschulkinder nahezu auf Anhieb lernen, ökonomisch mit sprintähnlichem Lauf flache Hindernisse auf kurzen Strecken zu überwinden. Hürden- oder Hindernislaufen beinhaltet darüber hinaus eine ausgezeichnete Koordinations- und Schnelligkeitsschulung. Das rhythmische Laufen wirkt sich zudem positiv auf die Anlaufgestaltung beim Weitspringen aus. Es ist nicht nötig, den Kindern etwas von Hürden- und Nachziehbein zu erzählen, denn sie können alles – ohne die Begriffe zu kennen – ganzheitlich durch gezielte Aufgabenstellungen lernen.

Rhythmusschulung: Beim Überlaufen von Gräben werden die Zwischenräume so gewählt, daß die Kinder von alleine herausfinden, immer mit demselben (und von ihnen unbewußt bevorzugten) Bein vor den Gräben abzudrücken. Nach der Landung hinter dem

Graben folgen 3 weitere Laufschritte bis zum nächsten Graben. (In der Fachsprache – hier nur für den Lehrer angemerkt – wird daher von einem Dreierrhythmus gesprochen.)

Nach der Rhythmusschulung dient der nächste Schritt der **Hürdenbeinbewegung,** dem „Langmachen" oder Strecken des Beines, das als erstes über den Graben oder später über die Hürde geht. Diese Bewegung lernen die Schüler ebenfalls von alleine durch den Aufbau von entsprechend breiten Gräben, die zu dieser Beinstreckung auffordern.

Im dritten Lernschritt geht es beim Überlaufen von niedrigen Hindernissen (wiederum in das letzte Grabendrittel gestellt) darum, die Beine so zu bewegen, daß sie an nichts anstoßen und daß man ohne viel Zeitverlust über das Hindernis kommt. Wenn leichte, gut verstellbare Kinderhürden zur Verfügung stehen, ergibt sich die **Nachziehbeinbewegung** ebenfalls von selbst, wenn die Hürdenhöhe allmählich von 20cm auf 30-40cm erhöht wird. Folgende Fragen regen das Lernen durch Selbsterfahrung an:

Foto 10

Wie schafft ihr es, nach der Hürde schnell wieder in einen flüssigen Lauf zu kommen? (Es klappt nur, wenn die Beine nicht gleichzeitig, sondern schön nacheinander auf den Boden kommen.)

Springen kostet Kraft und Zeit. Wie kommt man möglichst flach über ein Hindernis?

Das erste Bein ist nicht in Gefahr, an die Hürde zu stoßen, wenn ihr nicht zu dicht heranlauft. Wie kann man jedoch das zweite Bein vor einer Berührung schützen? (Man kann es beugen und das Knie ein wenig seitlich vorbeiführen.) (Foto 10)

Dauerlaufen

Laufen in Verbindung mit Bällen

Jeder Schüler hat einen Ball (falls Bälle nur in beschränkter Anzahl vorhanden sind, entstehen dadurch keine Einschränkungen: Die Schüler übergeben ihre Bälle den Wartenden, wenn sie ihre Aufgabe gelöst haben); die Zielsetzung ist im Prinzip für alle nachfolgenden Aufgaben/Übungen gleich: Die Kinder sollen sich fortlaufend mit geringer bis mittlerer Intensität belasten. Hier einige Beispiele, die jeder nach Fantasie, Gelegenheit und organisatorischen Möglichkeiten beliebig erweitern kann:

Wer schafft es, um die Fahnenstangen zu laufen (Entfernung ca. 10m) und dabei mit dem Ball ganz oft zu prellen, ohne ihn genauso oft zu verlieren? Es ist kein Wettkampf; probiert daher aus, in welchem Tempo ihr es noch gut schafft. (Organisation: viele Fahnenstangen in gleicher Entfernung aufstellen, so daß keine langen Wartezeiten entstehen.)

Jetzt heißt die Aufgabe: Auf dem Rückweg muß mit dem Ball im Laufen etwas anderes gemacht werden als auf dem Hinweg.

Wie könnt ihr sonst noch mit dem Ball um die Fahnenstangen herumlaufen?

Geht zu zweit zusammen: Was sich nun der eine ausdenkt und probiert, darf nur so schwer oder leicht sein, daß der andere es nachmachen kann.

Gelingt es euch, jetzt zu zweit nebeneinander zu laufen, dabei den Ball zuzuwerfen und zu fangen?

Wenn zwei von euch gerne Fußball spielen, dürfen sie sich den Ball auch im Laufen zupassen, aber so vorsichtig, daß er sehr oft von einem zum anderen gelangt.

In Gruppen zu viert mit je einem Ball, jeweils 2 Kinder stehen sich in kurzer Entfernung (6-8m) gegenüber. Der Erste rollt den Ball zum Gegenüberstehenden, läuft seitlich seinem Ball hinterher und stellt sich gegenüber am Ende wieder an. Der Nächste rollt und läuft ebenso seinem Ball nach usw.

Organisation wie zuvor, doch jetzt wird die Aufgabe mit **Werfen und Fangen** versucht.

Weitere *Variationen:* den Ball sanft mit dem Fuß zum Gegenüberstehenden befördern; den Ball als „Einwurf" mit beiden Armen über den Kopf werfen.

Parteiballspiel: 2 gleich große Mannschaften – gekennzeichnet durch Bänder – versuchen, sich einen weichen Schaumstoffball möglichst oft in der eigenen Partei zuzuspielen. Jeder gefangene Ball in der eigenen Mannschaft ergibt einen Punkt. Es kann gleichzeitig in 2 getrennten Spielfeldern gespielt werden, damit viel Gelegenheit zum Werfen und Fangen gegeben ist.

Verbesserung der Grundlagenausdauer mit Hilfe von Seilchen

Jeder Schüler hat ein Seil und versucht, bis zu einer Fahnenstange das Seil zu schwingen und zu überlaufen, gleich, in welcher Schrittfolge. Es wird nur auf dem Hinweg über das Seil gelaufen oder gesprungen; der Rückweg erfolgt durch langsames Gehen.

Das Seil soll auf jedem Hinweg in einer anderen Form überlaufen oder übersprungen werden. Wieviel Möglichkeiten, die die meisten Kinder lösen können, werden insgesamt erfunden? Kann einer dem anderen beibringen, wie seine Form geht?

Seilchen springen am Ort: Wer kann 10 sec lang auf der Stelle Seilchen springen, ohne daß er am Seil hängenbleibt?

Laufen in Verbindung mit Überwinden von Hindernissen

Falls Gelegenheit vorhanden ist: Laufen in Kleingruppen auf einer Fitnessbahn unter fantasievoller Ausnutzung der gegebenen Stationen und Hindernisse.

Die Klasse arrangiert gemeinsam einen Hindernisparcours (sowohl im Freien als auch in der Halle möglich).

Variation: Der erste Rundlauf hat nur sehr wenig Hindernisse. Bei jeder weiteren Runde kommt ein neues Hindernis hinzu.

Die vorhandenen Hindernisse dürfen nie in gleicher Weise genommen werden. Bei jeder neuen Runde sind andere Formen zu erfinden.

Dauerlauf-Variationen

Minutenläufe (vgl. Laufen, Einheit II), jetzt allerdings in leistungshomogenen Gruppen. Ein Kind pro Gruppe hat eine Stoppuhr; gemeinsam wird ausprobiert, wie die derzeitige Belastbarkeit sich darstellt.

In (homogenen) Gruppen frei im (übersichtlichen) Gelände laufen, dabei natürliche **Boden- und Geländeformen ausnutzen** und einbeziehen.

Zeitschätzläufe: Alle bewegen sich im ruhigen Dauerlauf (auch zu zweit mit gemeinsamer Unterhaltung). Wer glaubt, 2 Minuten seien vorüber, bleibt stehen. Am Ende informiert der Lehrer über das Ausmaß der Genauigkeit beim Zeitschätzen.

Intervalldauerläufe: Zu zweit laufen die Schüler eine langgezogene Kurve im Freien (am Anfang und am Ende der Kurve befinden sich Fähnchen). Anschließend gehen sie sehr langsam auf dem kürzesten Weg zum Ausgangsort zurück. Wie oft kannst du das mit deinem Partner wiederholen?

Auf dem Rasen bei schönem Wetter **barfuß laufen.**

Barfuß diagonal durch eine Weitsprunggrube laufen, langsam zum Ausgangspunkt zurück und die Übung erneut durchführen.

In Kleingruppen zu bestimmten Punkten laufen. (Die anzulaufenden Stellen müssen vom Start aus zu sehen sein!) Als Aufgabe wird gestellt: Schätzt einmal, wie lang die Strecke ist, die ihr gelaufen seid, auch, wieviel Zeit ihr wohl dafür benötigt habt.

Sechstagerennen: 4 gleich große Mannschaften erhalten die Aufgabe: Jeder Schüler einer Mannschaft muß insgesamt 6 Runden laufen (die Gesamtstrecke soll dem Leistungsstand der Kinder angemessen sein). Es ist jedoch jedem einzelnen freigestellt, ob er immer nur eine einzelne Runde läuft oder mehrere aneinanderreiht. Jeder darf es für sich selbst entscheiden. Wenn einer abgelöst werden will, ruft er rechtzeitig, kurz bevor er seine Mannschaft erreicht. Er kann es auch im voraus schon bestimmen.

Abschlußausdauertest: Wie lange kannst du ruhig laufen, ohne daß du ganz außer Atem kommst oder durch anderes gezwungen wirst, den Lauf abzubrechen? (Der Test sollte bei angenehmem Wetter im Freien durchgeführt werden; die Kinder dürfen nicht erkältet oder krank sein.)

SPRINGEN

Grundschulkinder springen, hüpfen oder hopsen häufig noch spontan aus Bewegungsfreude oder auch „nur" deshalb, weil sie fröhlich sind. Hindernisse haben für sie Aufforderungscharakter; sie locken zum Hinauf- und Hinüberspringen. Als kleines Abenteuer erleben sie das In-die-Tiefe-Springen von Erhöhungen aller Art. Hink- und Hüpfspiele, die vor einigen Jahren noch zum tradierten Spielerepertoire im freien Bewegungsleben der Kinder (besonders der Mädchen) gehörten, finden wir dagegen leider immer weniger vor.

Dennoch: Wenn wir vom Laufen als von einer „natürlichen" Fertigkeit sprechen, dürfen wir dies gleichermaßen auch für das Springen tun, denn es ist eng mit dem Laufen verwandt: Während beim Gehen immer ein Fuß Bodenkontakt hat, zeigt das Laufen bereits eine Flugphase, und beim Springen gilt es, möglichst weite oder hohe Flugphasen zu erreichen. Diese „Flugerlebnisse" machen den eigentlichen Reiz des Springens aus. Daher sind jüngere Kinder auch leicht für alle möglichen Varianten des Springens zu begeistern. Ihre Kreativität ist erstaunlich groß auf diesem Gebiet und steht gleichsam im Gegensatz zur olympischen Leichtathletik: Hier gibt es vier Sprungdisziplinen (Hoch-, Stabhoch-, Drei- und Weitsprung), in denen sich jeweils bestimmte Techniken als besonders ökonomische Lösungsverfahren zum Erreichen von großen Höhen oder Weiten durchgesetzt haben.

Im Hochsprung existiert zur Zeit fast ausschließlich die Floptechnik. Doch gerade in dieser Disziplin sind für das Grundschulkind viele andere Lösungsmuster besser geeignet.

Sportlehrer bzw. Übungsleiter können den Ideenreichtum und die Bewegungsvielfalt von Kindern (z.B. des dritten und vierten Schuljahres) gut beobachten, wenn sie folgendes Experiment durchführen: Man organisiert einen Hochsprungwettkampf für 9-10jährige – am besten im Winter in der Halle. Es wird mit Zauberschnur oder Baustellenband mit daran befestigtem Glöckchen, das Fehlversuche hörbar macht, gesprungen. Wichtig ist eine große, weiche Landefläche, die auch noch seitlich durch Turnmatten gesichert ist. Als einzige Regel gilt: Es wird mit einem Bein abgesprungen. Anlaufrichtung, -länge und alles andere ist freigestellt. Was hierbei von den kleinen Athleten an Lösungsmöglichkeiten neu erfunden und erprobt wird, erinnert an viele frühere Hochsprungtechniken sowie an längst ausgestorbene Sprungwettbewerbe. Nach eigenen Erfahrungen hat sich bisher noch nie ein Kind dabei verletzt. Empfehlenswert ist es allerdings, daß der Lehrer fortwährend das Geschehen beobachtet, vielleicht auch einmal die allzu kühnen Springer vor Gefahren warnt.

Diese Überlegungen sollen überleiten zu den Zielsetzungen leichtathletischen Springens in der Grundschule. Als erstes gilt es, die Offenheit und Vielseitigkeit im Springen der Kinder aufzugreifen und sowohl zu bewahren als auch weiter zu entwickeln. Keineswegs darf der Unterricht zu früh auf die Wettkampfdisziplinen Weit- und Hochsprung eingeengt werden. Eine allgemeine, koordinationsfördernde Sprungschulung steht im Vordergrund. Sie enthält sowohl Elemente des volkstümlichen Springens (wie Hoch-Weitsprung oder Weitsprung aus dem Stand) als auch Aufgaben und Übungen, die einer späteren Leistungsorientierung dienlich sind. In den ersten beiden Jahrgangsstufen heißt das Ziel „allgemeine Sprungschulung“. Diese umfaßt im koordinativen Bereich grundlegende Fertigkeiten des Hüpfens, Federns, Hinkens sowie das einbeinige Abspringen aus dem Laufen. Im konditionellen Bereich geht es um eine allmähliche Entwicklung der Sprungkraft. Gemeint ist die Fähigkeit, aus einer Beugestellung im Fuß-, Knie- und Hüftgelenk schnellkräftig zu strecken, einmal mehr in horizontaler, ein andermal mehr in vertikaler Richtung. Je schneller die Streckbewegung erfolgt, desto weiter bzw. höher gerät der Sprung.

In den ersten beiden Einheiten können koordinative und konditionelle Fähigkeiten in komplexer Weise mit bestimmten Aufgaben und Übungen zugleich geschult werden, so daß hier keine Auflistung der Übungsinhalte zu den beiden Bereichen erfolgt. In den Einheiten III und IV empfehlen wir eine allmähliche Ausformung unterschiedlicher Sprungfertigkeiten im Hinblick auf ein In-die-Höhe-Springen oder ein In-die-Weite-Springen. Gleichzeitig bleibt die Entwicklung einer allgemeinen Sprunggewandtheit weiterhin das zentrale Anliegen. In keinem Fall geht es um das gezielte Hinführen zu Techniken des Leistungssports, da jede zu frühe Spezialisierung einmal als Ausgrenzung anderer Lernmöglichkeiten zu sehen ist, andererseits im besten Fall auch nur das oberste Drittel der Schulkinder vom Anspruch her erreicht.

Während im Teil „Laufen“ relativ ausführlich trainingstheoretische Grundlagen herausgestellt wurden, verzichten wir beim Springen (und w. u. beim Werfen) bewußt auf solches Wissen mit folgender Begründung: 1. Grundschulkinder sind durchaus imstande, feinkoordiniert und ökonomisch zu sprinten. Die Erkenntnisse biomechanischer Bewegungsanalysen des Sprints von Spitzensportlern sind im Grundsätzlichen auch für den Kurzstreckenlauf von Kindern gültig. 2. Ausdauerschulung erhält bereits im Primarbereich einen wichtigen Stellenwert angesichts des immer größer werdenden Bewegungsmangels in unserer Gesellschaft.

Beim Springen bestehen andere Sachverhalte: Hang- und Lauftechnik (beim Weitsprung) und Flop (beim Hochsprung) sind an bestimmte konditionelle Voraussetzungen gebunden, die wir in der Regel noch nicht bei Grundschülern vorfinden. Größere Offenheit und Flexibilität beim Springen entspricht darüber hinaus viel eher dem kindlichen Bewegungsleben und -verhalten und führt nicht zu Versäumnissen, die eine spätere Technikschulung unmöglich machen könnten. Im Gegenteil: Eine allgemeine Sprunggewandtheitsschulung verbessert die Voraussetzungen für eine spätere Spezialisierung und Leistungssteigerung.

In der Ontogenese der motorischen Fertigkeiten zeigt sich das Weitspringen zeitlich früher als das Hochspringen. Es ist einfacher in seiner Grundstruktur: Der Weitsprung ähnelt einem verlängerten Laufschritt, bei dem kleine Kinder zunächst noch einbeinig landen und weiterlaufen. Erst allmählich entwickelt sich dann die beidbeinige Landung. Mit zunehmender Laufgeschwindigkeit und Sprunggewandtheit wächst die Sprungleistung.

Das In-die-Höhe-Springen fällt vielen älteren Grundschulkindern noch schwer, zumal es eine ausgeprägtere Streckkraft der Beinmuskulatur verlangt. Das Überwinden des eigenen Körpergewichts in möglichst vertikaler Richtung erfordert mehr Kraft als ein „verlängerter Laufschritt“. Hinzu kommt, daß nahezu bei allen Hochsprunglösungen (Techniken) im Absprung ein Drehmoment eingeleitet werden muß. Die Koordination von Anlauf und einbeinigem Absprung in Verbindung mit einem ökonomischen Drehabstoß erfordert erheblich mehr Sprunggewandtheit als der Übergang vom Laufen zu einem Weitsprung.

Springen

Einheit I

Fertigkeiten und Inhalte

* Hüpfen, Federn, Hopsen, Hinken
* Ein- und beidbeiniges Springen
* Verbinden von Laufen und Springen
* Niederspringen

Die Grundsätze bei der Vermittlung aller o. a. Inhalte sind die gleichen, wie sie zu Beginn des Teils Laufen angesprochen wurden.

Aus den nachstehend angebotenen Aufgaben und Übungen sollten die Lehrenden immer nur einige für eine Unterrichtseinheit auswählen. Gleichzeitig ist darauf zu achten, daß zwischen den einzelnen Aufgaben Pausen eingeschaltet werden, am besten als aktive Erholung durch Beanspruchung neuer Muskelgruppen mit anderen Aufmerksamkeitsschwerpunkten.

Entwicklung vielseitiger Sprungfertigkeiten

Die Kinder erhalten Reifen und verteilen sich damit auf freien Plätzen in der Halle. Die Aufgabe heißt: Wie könnt ihr in, um oder gar über den vor euch am Boden liegenden Reifen springen? (Man kann mit einem Bein, mit beiden Beinen – zugleich oder fast gleichzeitig – mit dem linken und rechten im Wechsel, in der Hocke, mit großen und keinen Hüpfern etc. die Aufgabe lösen.)

Sucht euch bitte jetzt einen Freund oder eine Freundin und **tauscht eure erfundenen Sprünge aus.**

Wer kann ganz viele **verschiedenen Sprungformen erfinden**?

Ihr dürft den Reifen jetzt auch anders als zum Springen benutzen.

Könnt ihr etwas zu zweit mit einem Reifen machen?

Aufstellung in Viererreihen hintereinander an einer Hallenlängsseite. In der Hallenmitte liegen mit Abstand voneinander vier Reifen. Die Aufgabe heißt: Lauft bis zu dem Reifen vor eurer Reihe und hüpft oder hopst um ihn herum. Danach lauft bitte weiter und stellt euch oben wieder in den gleichen Reihen auf.

Schafft ihr es, **auf einem Bein bis zu dem Reifen vor euch zu hüpfen** (hinken)? Stellt euch vor, das eine Bein ist verletzt und tut sehr weh; es darf nicht auf den Boden. Danach lauft wieder nach oben zum Aufstellen.

Stellt euch bitte zu zweit auf freien Plätzen in der Halle auf. Einer **hüpft eine Zahl,** der andere versucht, sie zu erraten.

Was ist der Unterschied zwischen Laufen und Hüpfen und Hinken? Wißt ihr, was Federn ist? Wer kann es zeigen?

Kennt ihr Tiere, die hüpfen oder springen? Einer macht solch ein Tier nach, der andere versucht, es zu erraten.

Wir könnten jetzt alle zusammen **Tiere-Raten** spielen. Setzt euch in einem Kreis auf den Boden; jeder darf dann einmal ein Tier nachmachen, das alle zu erraten versuchen.

Wie bewegt sich ein Känguruh vorwärts? Wie ein Spatz?

Die Turnhalle wird in drei Längsbahnen eingeteilt (z.B. mit Hilfe von Zauberschnüren oder Seilchen): Eine Bahn ist eine „Laufbahn“, die zweite eine „Hüpfbahn“, die letzte eine „Galoppbahn“. Man darf in diesen Bahnen immer nur das machen, was ihr Name sagt.

Seilchen werden von den Kindern zu **Buchstaben, Zahlen oder Figuren** auf den Boden gelegt, um die herumgehüpft wird.

Kann schon jemand Seilchen springen? Kann es einer dem anderen beibringen? Wie habt ihr es gelernt, wenn ihr es schon könnt?

Hüpfender Kreis: Jeweils 8-12 Kinder bilden einen Kreis. In der Mitte steht ein Schüler, der ein Seilchen hat, an dessen Ende eine Mütze festgebunden ist. Dieser Schüler dreht sich und schwingt dabei das am Ende beschwerte Seil so, daß die im Kreis Stehenden darüberspringen müssen. Wer das nicht rechtzeitig schafft, löst den Seilschwinger in der Kreismitte ab.

Welche Hüpf- und Hinkespiele kennt ihr? (Abb. 22)

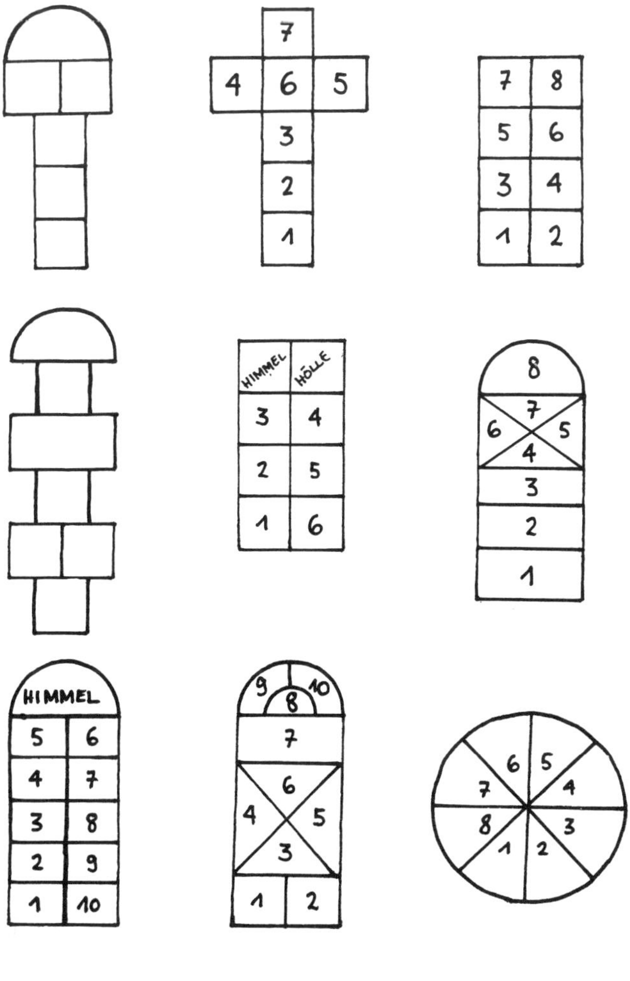

Abb. 22

Foto 11

Wer Hüpf- oder Hinkespiele kennt, darf sie zeigen oder aufmalen und erklären, so daß alle sie probieren können.

Wer kann aus dem Stand so weit springen, wie er lang ist? Die Aufgabe ist am besten zu zweit zu lösen, denn die Länge des Springers muß zuerst gekennzeichnet werden (Foto 11).

Wer kann möglichst wenig Schritte bis zur Linie vor euch (im Abstand von 10–15 m) machen? Geht es einfacher mit großen Laufschritten oder mit Sprüngen? (Da der Lehrer nicht alle Schritte bzw. Sprünge gleichzeitig zählen kann, empfiehlt es sich, daß die Kinder paarweise arbeiten: Einer übt, der andere zählt die Schritte, falls alle im ersten Schuljahr bereits genau bis 10 zählen können.)

Variation der vorangegangenen Aufgabe: innerhalb der vorgegebenen Strecke **„Kontrastsprünge“** ausführen: einmal hohe Sprünge – das nächste Mal flache; laute – leise Sprünge; möglichst viele kleine – möglichst wenig große Sprünge.

Mit Hilfe einer Handtrommel: Lauft frei über den Platz (durch die Halle). Wenn ich einen lauten Trommelschlag mache, bleibt ihr stehen und hüpft (federt) auf der Stelle.

Jetzt versucht ihr, beim Trommelschlag in der Hocke zu federn oder zu hüpfen.

Wenn wieder ein Trommelschlag beim Laufen kommt, sucht euch schnell einen Partner und hüpft mit ihm mit Handfassung (im Kreis, in der Hocke oder wie es euch sonst noch einfällt).

Über vorhandene Linien (in der Halle oder im Freien) **zickzack hüpfen.**

Wie zuvor, doch mit einem Partner.

Springen auf Hüpfbällen, die unter Umständen von zu Hause mitgebracht werden. Die Schüler dürfen selbst Sprungformen und -folgen erfinden.

Foto 12

Kann man mit dem Hüpfball auch über einen Graben (markiert durch Linien oder Klebebänder) springen (Foto 12)?

Partnerübung: Einer hüpft mit dem Hüpfball, der andere versucht, nur mit den eigenen Beinen hüpfend mitzuhalten; anschließend Rollentausch.

Verbinden von Laufen und Springen

Mit Hilfe von Teppichfliesen, Seilchen, Klebebändern werden Gräben markiert. Die Kinder laufen in Viererreihen und springen über die Gräben (immer nur in einer Richtung die Hindernisse überwinden und an den Seiten zur Ausgangsreihe zurückkehren).

Wie ist es am einfachsten, hinüberzuspringen? Welche Form strengt am meisten an?

In eine Grabenreihe werden flache Hindernisse/Gegenstände gelegt (z.B. Pullover, Tennisringe, gerollte Seilchen). Wer sich traut, darf in dieser Reihe versuchen, die Gräben zu überspringen.

Durch genaues Beobachten sollte es dem Lehrer gelingen, die Abstände zwischen den Gräben so zu arrangieren, daß ein flüssiger Wechsel von Laufen und Springen entsteht.

Niederspringen

Beobachtet man Kinder auf Spielplätzen, so zeigt sich das Hinunterspringen von Erhöhungen jeder Art als besonders beliebtes Spiel. Ist in der Schule eine große, weiche Matte vorhanden, reizt es zwar die Schüler sehr, von einer Sprossenwand oder von einem Kasten auf eine solche Matte zu springen. Es soll hier jedoch vor Niedersprüngen aus größeren Höhen gewarnt werden, denn 6- bis 7jährige sind zumeist noch nicht in der Lage, ihr Körpergewicht beim Landen derart aufzufangen, daß es immer ungefährlich ist. Häufig entspannen sie sich zu sehr beim Landeaufprall, so daß sie sich z.B. den Kopf an den eigenen Knien stoßen. Wir empfehlen zunächst das Niederspringen nur aus geringen Höhen. Dann reichen auch weniger weiche Matten aus, um eine ungefährliche Landung zu ermöglichen.

Niederspringen nach Überwinden einer schrägen Bank: Jeweils eine Schwebebank liegt mit der Endkante der Sitzfläche auf einem kleinen Kasten. Dahinter befinden sich doppelt gestapelte Turnmatten (oder Weichböden). Die Schräge darf in beliebiger Form überwunden werden (auch auf allen Vieren, wenn jemand sehr vorsichtig ist). Der anschließende Niedersprung ist ebenfalls freigestellt (Abb. 23).

Abb. 23

Wie zuvor, doch mit anschließendem Purzelbaum.

3 Schwebebänke stehen quer mit einem Abstand von ca. 8-10m in der Halle; dahinter liegen Turnmatten jeweils so angeordnet, daß 3

Hindernisbahnen für drei Schülerreihen zu erkennen sind. Die Aufgabe heißt: Versucht, von der Bank aus auf die Matte zu springen, weiterzulaufen und wieder von der Bank hinunterzuspringen.

Könnt ihr jetzt an jeder Bank anders herunterspringen?

Da das Auf- und Abbauen mit den Erstkläßlern mühsam ist, dürfen die Bänke jetzt auch für andere Aufgaben und Übungen benutzt werden: zum Balancieren, zum Drehen im Sitzen, zum Rutschen und Hindurchschlängeln u.a.m.

Kleine Kästen und Turnmatten werden zu Bahnen angeordnet, in denen die Kinder in vielen Variationen hinauf- und hinunterspringen und turnen können.

Einheit II

Fertigkeiten und Inhalte

* Hüpf- und Hinkvariationen
* Galopphüpfen
* Große und kleine Sprünge machen
* Auf Hindernisse springen
* Einbeiniges Abspringen aus kurzem Anlauf
* Laufen und Springen in rhythmischer Folge

Ähnlich wie in der ersten Einheit sollten Hüpf- und Hinkespiele, die den Kindern bekannt sind, aufgegriffen und variiert werden. Desgleichen beliebte Spiele wie „Gummitwist“ oder Formen des Seilchenspringens – einzeln, zu zweit oder in Gruppen – wie „Teddybär, Teddybär dreh dich um“. Und natürlich dürfen viele Inhalte der vorangegangenen Einheit verteilt nochmals in den Unterricht einbezogen werden, vor allem dann, wenn sie sich für die Schulanfänger als zu schwierig erwiesen haben.

Entwicklung allgemeiner Sprungfertigkeiten

Fangspiele mit besonderer Aufgabenstellung: Die Turnhalle wird in 3 Zonen (jeweils ein Hallendrittel) eingeteilt: In einer Zone soll gehüpft, in einer nur gelaufen, in der letzten ausschließlich gehinkt werden. Ein Fänger darf sich frei durch alle Zonen bewegen, um einen Mitspieler abzuschlagen. Die Schüler in den einzelnen Zonen wechseln nach einer bestimmten Spielzeit, damit sie nicht nur laufen, hinken oder hüpfen.

Schattenhüpfen: Ein Partner imitiert wie ein Schatten die verschiedenen Hüpfer oder Sprünge, die sein Partner sich ausdenkt.

Hüpf- und Sprungformen erfinden unter Ausnutzen vorhandener Linien und kleiner Hindernisse (sowohl im Freien als auch in der Halle).

Wer hört, ob meine Trommel zum Laufen oder zum Hüpfen auffordert? (Organisation: bei einer großen Gruppe Außen- und Innenkreis, bei weniger Schülern freies Laufen auf abgegrenztem Platz.)

Wer kann hüpfen und sich dabei drehen? (Die Kinder starten auf ein Zeichen in Viererreihen von einer Schmalseite der Halle; so könnten sie mehrere Drehungen – unterbrochen vom Geradeaushüpfen – probieren.) Besonders gut ist die Aufgabe dann gelöst, wenn ihr beim Drehen fast gar nicht aus eurer Spur kommt.

Kann man auch rückwärts oder seitwärts hüpfen?

Wie könnt ihr zu zweit (zu dritt oder viert) hüpfen?

Freies Laufen in der Halle; auf ein akustisches Zeichen hin sucht sich jeder einen Partner, mit dem er weiterhüpft – z.B. im Kreis –, bis ein weiteres akustisches Zeichen ertönt.

Gelingt es euch, in der tiefen Hocke zu hüpfen?

Wer kann gar in der Hocke Seilchen springen?

Aus Reifen, Matten, Medizinbällen (sie liegen auf Tennisringen), quer liegenden Hütchen, Schaumstoffblöcken o.ä. werden verschiedene Bahnen aufgebaut. Die Schüler erfinden und erproben hierzu selbständig Hüpf- und Sprungformen.

Variationen: Sprungbahnen im Zick-Zack oder in Kurvenform, wobei die Kinder wieder frei üben und erfinden dürfen.

Es werden Mattenbahnen mit kleinen Zwischenräumen ausgelegt. Folgende Aufgabenstellungen sind möglich: Springt oder lauft so über die Bahn, daß ihr in keinen Zwischenraum tretet. Wie weit kommt ihr, wenn ihr nur auf einem Bein hinkt? Mit welchem Bein geht das Hinken für euch leichter? Denkt euch Formen aus, bei denen beide Beine gleich viel machen müssen (Foto 13).

Galopphüpfen in Bahnen (z.B. in Viererreihen), als Anreiz dient ein imaginäres Pferd in Form eines Gymnastikstabes.

Foto 13

Springreitturnier: *Variation* zur vorangegangenen Aufgabe: Wir machen ein Springreitturnier. Die Gymnastikstäbe sind die Pferde. Ihr versucht, mit eurem Pferd über die Gräben zu springen. (Die Gräben können wiederum aus Mattenbahnen mit Zwischenräumen, in denen flache Gegenstände liegen, bestehen.) (Foto 14)

Foto 14

Auf Mattenbahnen ohne Zwischenräume einmal kleine, einmal große Hüpfer oder Sprünge ausführen.

Variation: Wer schafft es, sich beim Hüpfen zu drehen und danach sofort wieder weiterzuhüpfen?

Einbeiniges Abspringen aus dem Laufen

Die Verbindung von Laufen und einbeinigem Abspringen stellt für das jüngere Grundschulkind häufig noch ein Koordinationsproblem dar, das es nicht immer auf Anhieb – oder auf Aufforderung des Lehrers – schafft. Besser als Korrekturen bei „fehlerhaftem" Absprungverhalten sind immer neue, reizvolle Sprunggelegenheiten, mit deren Hilfe sich allmählich ökonomische Lösungen herausbilden. Die Aufgabe, auf „Berge" oder Erhöhungen zu springen, bereitet Spaß und schult gleichsam automatisch grundlegende Sprungfertigkeiten (Abb. 24).

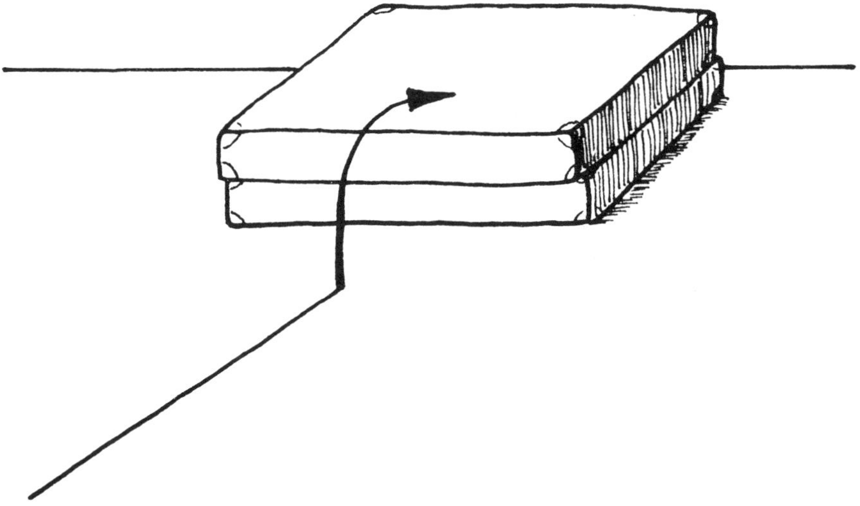

Abb. 24

Je nach vorhandener Turnhallenausstattung (oder Sprunghügeln im Freien) bieten sich folgende Aufgaben und Übungen an:

Wer kann auf die kleinen Kästen springen? (Evtl. hinter die Kästen Turnmatten legen; den Rückweg um Wendemarken über die Seite regeln.)

Versucht, möglichst weit auf den Mattenberg zu springen! (Die einfachste Lösung ist das Hinauflaufen mit einbeiniger Landung. Schwerer ist die beidbeinige Landung.)

Variation der vorangegangenen Aufgabe: Auf dem Mattenberg sind **Zonen zum Hinein- oder Überspringen** markiert (Abb. 25).

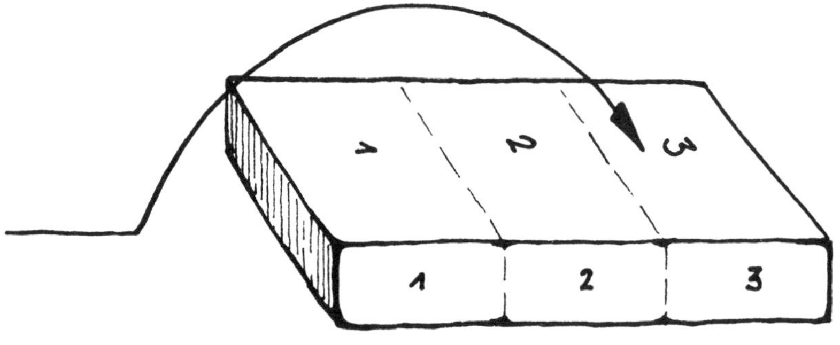

Abb. 25

„Am laufenden Band“: Aus Turnmatten und darauf liegenden Weichböden wird ein breiter, flacher Mattenberg aufgebaut. Dahinter befinden sich weitere Turnmatten zur Sicherheit. Die Schüler springen zu zweit auf den Berg, laufen in der Richtung weiter, anschließend um eine Wendemarke (rechts und links) und kehren jeweils an ihren Seiten zum Ausgangspunkt zurück.

Wie zuvor, doch auf dem Rückweg sind Hindernisse zu umlaufen oder weitere Zusatzaufgaben auszuführen.

Variation: Auf dem Rückweg muß über eine Schwebebank balanciert werden.

Laufen und Springen in rhythmischer Folge

Kinder der beiden unteren Jahrgangsstufen können in der Regel Bewegungsanweisungen im Sinne von Bewegungsbeschreibungen schlecht umsetzen. Vielmehr wird ihr Bewegungsverhalten dadurch in seiner Spontaneität und Ganzheitlichkeit gehemmt. Sie lernen unbewußt durch Lerngelegenheiten, insbesondere durch Aneinanderreihen von Sprüngen, ihr Verhalten zu regulieren und ökonomisieren. Bei einer rhythmischen Folge von Laufen und Springen verarbeiten sie das „Feedback" des ersten Sprunges so, daß es in die Ausführung des zweiten einfließt usw. Das Geschick des Lehrers besteht vornehmlich darin zu beobachten, in welchen Abständen und mit welcher Höhe und Breite er Hindernisse aufbauen sollte.

In 4 Reihen liegen Schaumstoffblöcke (oder seitlich gekippte Hütchen) in einem Abstand von ca. 4,5-5,5m hintereinander. Die Aufgabe heißt: Versucht, möglichst leicht und leise über die Bälle zu springen und zwischendurch gleichmäßig zu laufen. Kommt dann bitte an den Hallenseiten wieder zum Ausgangspunkt zurück.

Die Kinder dürfen selbst bestimmen, über welche Hindernisse sie springen wollen: zur Verfügung gestellt werden Kastenoberteile, Reifen, Pullover, Hütchen, Schaumstoffblöcke und – falls vorhanden – flache Kinderhürden. Zur Differenzierung nach Leistung und nach Bewegungsgeschick empfehlen wir, 4 Reihen mit Hindernissen in unterschiedlichen Abständen aufzubauen.

Variation: In jeder Sprungbahn befinden sich andere Hindernisse und Abstände. Die Schüler dürfen durch selbständiges Probieren herausfinden, in welcher Spur sie am besten flüssig laufen und springen verbinden können.

Variation: Sprungformen erfinden und benennen. Kinder geben ihren Sprungformen oft sehr fantasievolle Namen. So zeigten sie „Katzensprünge, Känguruhsprünge, Freuden- und Trauersprünge" u.a.m.

Beim Üben mit den zuvor aufgeführten Sprungbahnen sollte der Lehrer mit den Schülern nach und nach darüber sprechen, ob sie spüren, wie sie abspringen: mit immer demselben Bein, mit beiden Beinen zugleich, mit einem starken oder einem schwachen Bein etc. Der Lehrer regt die entsprechenden Erfahrungen durch bestimmte Fragen oder Hinweise an, z.B.: Jetzt macht ihr die Sprungbahn noch einmal und sagt mir anschließend, ob ihr immer mit demselben Bein abgesprungen seid. Könnt ihr mit rechts genauso gut springen wie mit links? Mit welchem Bein springt eure Freundin, euer Freund ab?

Einheit III

Fertigkeiten und Inhalte

* Über flache Hindernisse springen
* Von erhöhtem Absprung springen
* Vielsprünge aus dem Stand und aus der Bewegung
* Weitspringen aus Absprungzonen
* Hoch-Weitspringen
* In-die-Höhe-Springen

Einige Schüler der dritten Jahrgangsstufe sind durchaus in der Lage, aufgrund guter körperlicher Voraussetzungen, die Anfänge des In-die-Höhe-Springens zu erlernen. Andere werden jedoch Mühe haben, ihr „Körpergewicht zu bewältigen", wenn es darum geht, über ein Hindernis oder eine einfache Leine „nach oben" zu springen. Gezieltes Weitspringen gelingt dagegen bereits eher, selbst unter Berücksichtigung bestimmter Absprungzonen. Auf ganz natürliche Weise regulieren Kinder ihre Anlaufschritte, um von einer bestimmten Stelle aus abzuspringen, ohne daß sie dieses bewußt durchführen. Voraussetzung hierfür ist allerdings, die Kinder in ihren Versuchen gewähren zu lassen und nicht voreilig in das Schritte-Regulieren einzugreifen.

Der Unterricht im leichtathletischen Springen sollte jedoch in dieser und in der darauffolgenden Einheit keineswegs nur aus Hoch- und Weitspringen bestehen. Eine zu frühe Ausrichtung auf die außerschuli-

Foto 15

schen Wettkampfdisziplinen würde der Offenheit und Vielseitigkeit von Grundschulkindern nicht gerecht werden. Jede Spezialisierung bedeutet in diesem Alter zugleich auch eine Ausgrenzung anderer Möglichkeiten. Springen darf und soll weiterhin Spaß machen und Erlebensqualitäten wie „Fliegen“ oder „Sich-vom-Boden-lösen-Können“ mit einbeziehen (Foto 15).

Springen unter Ausnutzung von Hindernissen

Alle in einer Turnhalle beweglichen Kleingeräte können als Sprunggelegenheiten dienen: Medizinbälle verschiedener Größe, Reifen, Bänder, Seilchen, Turnmatten, Hütchen, Kinderhürden, haftende Bodenmarkierungen, evtl. auch Sportbeutel oder Sporttaschen und natürlich Schaumstoffteile.

Die Hindernisse werden so angeordnet, daß ein abwechslungsreicher Rundlauf entsteht. Damit das Laufen und Springen in einem Parcours nicht zu anstrengend wird, sollte nach jedem Durchgang eine Runde langsam um die Hindernisse außen herum gegangen werden. Die Kinder dürfen dieses auch zu zweit nebeneinander tun und sich dabei unterhalten.

Die Hindernisse (d.h. die vorhandenen Sprunggelegenheiten) liegen in 3 oder 4 Längsbahnen, wobei einmal alle Bahnen gleich, ein andermal jede Bahn unterschiedlich sein kann.

Wiederum sind die Schüler in 4 Gruppen eingeteilt. Jede Gruppe erhält ein bestimmtes Arsenal an möglichen Hindernissen, das die Kinder selbständig zu Sprungbahnen kombinieren. Die einzelnen Lösungen könnten anschließend vorgeführt bzw. ausgetauscht werden.

Kleine Kästen und Turnmatten werden für ein **Berg-und-Tal-Springen** zusammengestellt. (Vorsichtigere oder leistungsschwächere Kinder dürfen die Hände zum Überwinden der Hindernisse zu Hilfe nehmen.) Wichtig ist, daß alle angebotenen Lösungen zunächst vom Lehrer akzeptiert werden (Abb. 26).

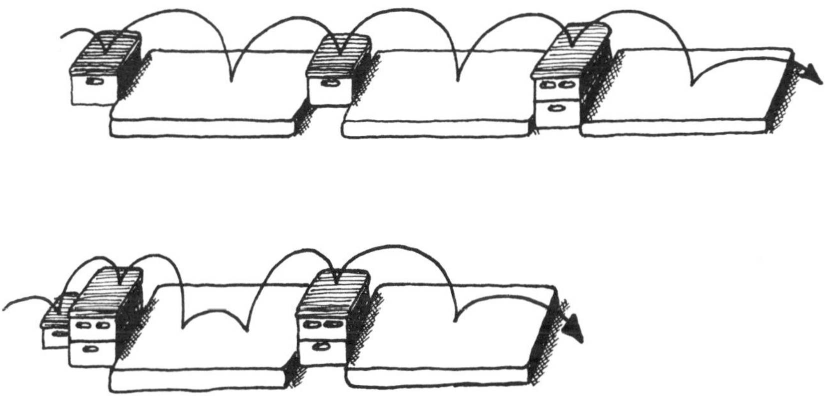

Abb. 26

Lauf- und Vielsprünge

Laufsprünge entwickeln Sprungkraft und Sprunggewandtheit, belasten aber zugleich auch intensiv. Daher dürfen die nachfolgenden Übungen immer nur vereinzelt und gut dosiert in die gesamte Sportstunde integriert werden. Als Viel- oder Mehrfachsprünge bezeichnen wir eine bestimmte Anzahl von Sprüngen, deren Folge und/oder Kombination zuvor als Aufgabe festgelegt wird: z.B. Hinken rechts-rechts-links-links-rechts-rechts. Das klassische Beispiel eines Vielsprungs ist der leichtathletische Dreisprung, bestehend aus einem Hink-, einem Lauf- und einem darauffolgenden Weitsprung mit beidbeiniger Landung. Im Sportunterricht der Grundschule können vor allem auf Mattenbahnen Vielsprünge fantasievoll kombiniert werden. Neben der Förderung von Sprungkraft und -gewandtheit schulen sie gleichsam automatisch das Gefühl für die zeitliche Koordination von Schwung- und Sprungbein.

Reifen, Medizinbälle, Teppichfliesen oder Bodenmarkierungen bieten sich an, um Laufsprünge zu üben. Durch Ausprobieren und Variieren können Lehrer und Schüler gemeinsam die Abstände zwischen den Hindernissen herausfinden, die dann am günstigsten sind, wenn sie ein flüssiges Aneinanderreihen von Laufsprüngen erlauben.

Werden Teppichfliesen zum Überspringen benutzt, lassen sich diese Gegenstände anschließend oder zwischendurch zur „aktiven Erholung" verwenden: **„Kutscherspiel":** ein Kind sitzt mit angezogenen, vom Boden hoch gehobenen Beinen auf einer Fliese, ein Partner zieht den Sitzenden mit Hilfe eines Seilchens (Foto 16).

Foto 16

Auf dem Rasen im Freien lassen sich Laufsprünge sehr gut barfuß durchführen.

In der Halle werden mit allen vorhandenen Turnmatten mehrere Bahnen ausgelegt, wobei die Matten jeweils lückenlos aneinanderstoßen. Die Aufgabe heißt: Versucht, die Mattenbahn mit möglichst wenig Sprüngen zu überwinden.

Wie zuvor, doch mit der Zusatzaufgabe: Wer kann gleichzeitig seine Sprünge zählen? (Unter Umständen ist es angemessener, die Zahl der Sprünge durch einen zählenden Partner festzustellen.)

Wie fällt euch das Springen leichter: wenn ihr mit einem oder mit beiden Beinen zugleich springt?

Versucht jetzt, mit nur 3 Sprüngen ganz weit zu kommen. Beim letzten Sprung ist es angenehmer, wenn ihr auf beiden Füßen zugleich und in der Hocke landet.

Könnt ihr über die Mattenbahn hinken?

Habt ihr ein Bein, mit dem ihr es leichter schafft?

Markiert mit einem Partner die Stelle, die ihr a) mit dem rechten, b) mit dem linken Bein erreicht. Entsteht dabei ein großer Unterschied?

Wie heißt das Bein, das stärker ist und mit dem ihr am liebsten springt?

Foto 17

Kann euer Partner erkennen, ob ihr mit eurem starken oder eurem schwachen Bein 3 Sprünge macht?

Ihr dürft nun mehrere Sprünge beliebig kombinieren (Hink-, Lauf- und Schlußsprünge).

Gruppenspringen: Im Freien oder in der Halle: Die Schüler bilden hintereinanderstehend (die Hände auf den Schultern des Vordermannes) jeweils Gruppen und bewegen sich in Schlußsprüngen vorwärts (Foto 17).

Sprung- und Hüpfvariationen

Wie bereits erwähnt, sollten Aufgaben und Übungen der vorangegangenen Einheiten zwischendurch immer wieder neu aufgegriffen und integriert werden. Für Kinder wirkt es sehr motivierend, wenn sie z.B. im dritten Schuljahr feststellen, daß sie jetzt etwas beherrschen, was ihnen früher noch nicht gelang, z.B. Formen des Seilchenspringens.

Seilchen springen allein, zu zweit, zu dritt oder in noch größeren Gruppen mit einem Seil. Die Kinder kennen hierbei zumeist noch mehr Formen und Variationen als der Lehrer.

Jeweils 2 Schülern wird ein Seil zugeteilt. Einer springt, der andere beobachtet. Der geübtere Schüler versucht, dem weniger geübten etwas beizubringen.

Kosakentanz: Wer weiß, wie die Kosaken tanzen? Kann einer zeigen, wie sie tanzen? Könnt ihr in der Hocke hüpfen und abwechselnd ein Bein nach vorn strecken?

Kann einer in der Hocke Seilchen springen? Man muß dann das Seil ziemlich kurz fassen.

Ein Sprung-Kunststück: Wer kann aus dem Kniestand auf die Füße springen? Kennt ihr noch andere Kunststücke (Foto 18)?

Foto 18

Wer kann auf der Stelle mit beiden Füßen zugleich hochspringen und sich dabei drehen? Wer schafft eine halbe Drehung oder gar noch mehr?

Stützsprünge (**„Häschensprünge“**) über eine Reihe von Medizinbällen (Foto 19).

Foto 19

Wir versuchen **Schlußsprünge mit leicht zusammengebundenen Beinen.**

Variation zur vorigen Aufgabe: Sackhüpfen – auch in Staffelform - über kurze Distanzen (Fotos 20 und 21).

Fotos 20 und 21

Wer kennt die Uhr und kann von der 12 Uhr auf die 3, auf die 6 oder die 9 springen?

Weitspringen von vorgegebenen (auch erhöhten) Absprungstellen

Die nachfolgenden Aufgaben und Übungen bereiten den leichtathletischen Weitsprung vor; es wird von bestimmten Räumen oder Zonen abgesprungen. Der Anlauf wird in seinem Tempo der Aufgabenschwierigkeit und dem Geschick der Schüler angepaßt. Der erhöhte Absprung verhilft auch sprungschwächeren Kindern zu einem Gefühl des Fliegens – sofern sie sich trauen. Er führt allerdings mehr zu einem Hochweit- als zu einem Weitsprung. Ob ein Minitrampolin als Absprunghilfe (und zur Förderung allgemeiner Sprunggewandtheit) eingesetzt werden kann, sollen Lehrer von Fall zu Fall kritisch entscheiden. Es gibt 9jährige, die es perfekt lernen, aus mittlerem Anlauf „Kunstsprünge" auf einen Weichboden zu vollführen. Vom Standpunkt der „Sachgerechtheit" könnte ein Leichtathletikfachmann gegen solche Absprunghilfen als Vorbereitung für das Weitspringen sein. Es muß an dieser Stelle jedoch nochmals betont werden, daß die wesentliche Zielsetzung für Grundschüler heißt: Entwicklung vielfältiger Sprungerfahrungen, Spaß am Erlebnis des Fliegens, Erlernen grundlegender Fertigkeiten, die zusammengenommen als „Sprunggewandtheit" bezeichnet werden können.

Aus einem Anlauf von ca. 10-12m von einem querliegenden Kastendeckel auf einen Weichboden springen. Zwischen dem Kastendeckel und der Weichbodenmatte sollte sich eine Turnmatte befinden. U.U. ist es günstig, den Kastendeckel auf eine Turnmatte

Foto 22

zu stellen, um ein Wegrutschen zu vermeiden. Damit keine langen Wartezeiten entstehen, empfehlen wir den Aufbau von wenigstens zwei solcher Anlagen. (Foto 22)

Wie zuvor, doch mit der Zusatzaufgabe, daß die Kinder selbst herausfinden sollen, wie langsam oder schnell sie anlaufen müssen.

Wie zuvor, jetzt mit der Frage: Wer kann nach dem Sprung auf beiden Füßen gleichzeitig und nebeneinander in der Hocke landen?

Wer kann in der Luft zappeln oder irgendwelche Bewegungen machen? Könnt ihr auch die Beine in der Luft bewegen?

Versucht, während des Fliegens laut zu zählen.

Zwischen Kastendeckel und Weichboden wird der Abstand vergrößert, so daß ein kleiner Kasten dazugestellt werden kann. Bei ähnlichem Anlauf wie zuvor springen die Schüler jetzt nacheinander zuerst auf den Kastendeckel, dann auf den kleinen Kasten und abschließend mit einem Hoch-Weitsprung auf die weiche Landefläche (Abb. 27).

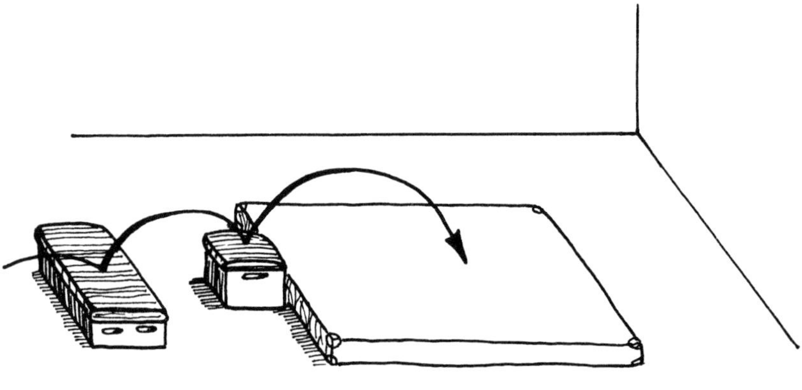

Abb. 27

Variation zum vorangegangenen Aufbau: Zwischen der letzten Absprungstelle und der Landefläche wird eine Zauberschnur gespannt. Die Aufgabe heißt: aus selbstgewähltem Anlauf hochweit über die Leine auf die Weichbodenmatte springen. (Es empfiehlt sich, die Sprungständer seitlich zu befestigen, so daß sie nicht umfallen können.)

Springen von einem Minitrampolin auf eine Weichbodenmatte. Vor das Minitrampolin wird eine Schwebebank längs hingestellt, damit die Kinder zunächst ohne Anlauf und ohne vom Boden aus in das Trampolin hineinspringen zu müssen, vorsichtig die Eigenschaften der elastischen Absprungfläche erproben dürfen. Von der Schwebebank aus betreten sie dann das Minitrampolin, federn ca. dreimal und versuchen daraus einen Niedersprung auf den Weichboden.

Weitere Aufgaben zum Springen am Minitrampolin: Wer traut sich jetzt, mit einem Sprung auf beide Füße (von der Schwebebank aus) vom Trampolin gleich weiter auf die Matte zu springen?

Versucht, möglichst hoch und weit zugleich zu springen. Wie ist das Gefühl in der Luft?

Wer sich sicher fühlt, darf jetzt 3 oder 4 kleine Schritte auf der Schwebebank machen und dann wieder direkt vom Trampolin in die Weite springen.

Was könnt ihr in der Luft noch für Bewegungen machen?

Weitspringen im Freien an einer Weitsprunggrube: Besteht die Möglichkeit, vom Rasen aus in die Grube zu springen, kann unter Umständen zu dritt gleichzeitig geübt werden.

Es wird ein kurzer Anlauf von ca. 6-8m auf dem Rasen markiert. Die Aufgabe heißt: Versucht, vom Ende des Rasens möglichst weit in die Grube zu springen, geht durch das Ende der Grube und kommt wieder in eure Reihe zurück.

Schaut euch jetzt nach einem Sprung an, wie ihr im Sand gelandet seid: auf den Füßen oder auf dem Gesäß? Welche Landung ist besser?

Wenn ihr alle auf den Füßen landen könnt, sind dann beide Füße nebeneinander oder landet einer vorn, einer hinten?

Zielspringen vom Rasen aus in die Grube: für jeweils 3 Gruppen werden 3 Zielkreise in den Sand gemalt; sie befinden sich in unterschiedlicher Entfernung. Die Aufgabe lautet: Springt so ab, daß ihr genau in einem Kreis vor euch landet. Jeder darf es insgesamt dreimal versuchen, dann wechselt ihr zu einem anderen Zielkreis.

Weitspringen von der Laufbahn aus und mit einer Absprungzone, wie sie für Kinder bei Bundesjugendspielen erlaubt ist. Damit das Üben nicht monoton wird, kann ein Sandwall in der Grube aufgebaut werden, über den die Schüler hinüberspringen müssen (Abb. 28).

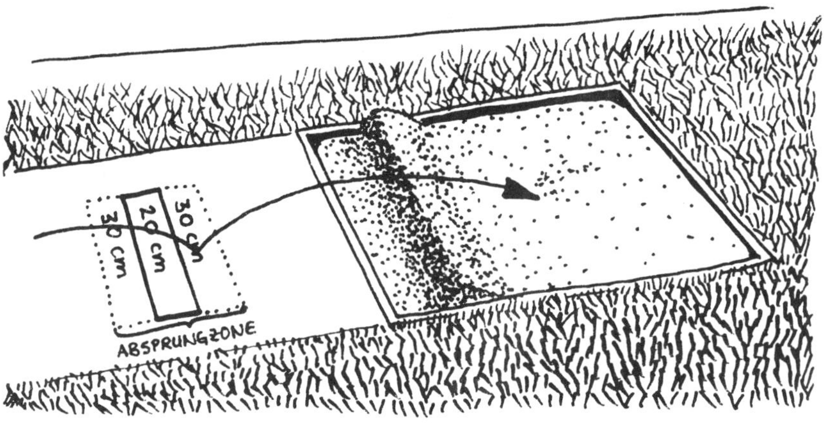

Abb. 28

Variation bzw. Differenzierung nach Leistungsstand: Der Sandwall verläuft nicht parallel, sondern schräg zur Absprunglinie. Jeder Schüler sucht sich selbst die Stelle im Sandwall aus, die er überspringen zu können glaubt. Natürlich muß an der Wiederherstellung des Walls immer wieder gearbeitet werden.

Standweitsprünge (als Schlußsprung) an der Grube von der Breitseite aus. Es können ebenfalls Zonen zum Hinein- oder zum Hinüberspringen gekennzeichnet werden.
Dasselbe ist in der Halle auch auf Turnmatten möglich. Lustig ist es für die Kinder, wenn sie einmal Gelegenheit erhalten, ihre Schuhsohlen zu weißen, so daß sie sehen, wo und wie sie landen.

Falls das Weißen der Schuhe zur Verschmutzung der Halle führt, können die Schuhsohlen ganz leicht mit etwas Wasser befeuchtet werden (ein nasses Tuch genügt), damit das Landeverhalten für jeden auf der Mattenbahn beobachtbar wird (Foto 23).

Foto 23

Gruppenweitsprung: Die Schüler bilden gleich große Gruppen, innerhalb derer sie mit Schlußsprüngen aus dem Stand eine möglichst gute Gesamtweite erreichen sollen. Die Landestelle des ersten Springers wird zum Absprungort des zweiten usw.

In-die-Höhe-Springen

Mit zunehmender Streckkraft der Beinmuskulatur können Kinder der dritten Jahrgangsstufe durch spezifische Aufgabenstellungen grundlegende Bewegungserfahrungen des Hochspringens machen. Die nachfolgenden Aufgaben und Übungen lassen sich im wesentlichen zwei Schwerpunkten zuordnen: auf Erhöhungen springen und über Leinen/Schnüre springen.

Aufgaben mit Sprunghügeln: Hochsprungmatten, Weichböden und Turnmatten (auch Kombinationen daraus) werden so gestapelt, daß sie für die Kinder einen Anreiz bieten, auf sie hinaufzuspringen. Mit fortschreitender Übung erfahren die Schüler von selbst, mit welcher Anlaufgeschwindigkeit und aus welchem Abstand das Hinaufspringen am besten gelingt. Alle vorsichtigen und schwächeren Schüler dürfen bei den vorgeschlagenen Aufgaben die Hände zu Hilfe nehmen!

Ist der Sprunghügel hart, sollte die Landung auf den Füßen (ein- oder beidbeinig) angestrebt werden. Ist eine weiche Hochsprungmatte vorhanden, dürfen auch andere Landeformen ausprobiert werden (Abb. 29).

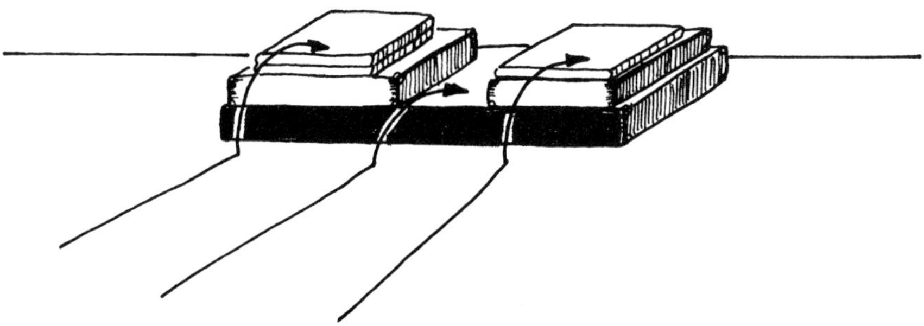

Abb. 29

Mögliche Aufgaben bei relativ harter Landefläche: Versucht, aus dem Laufen auf den Berg zu gelangen (Anlauf 5-7m). Probiert es zunächst vorsichtig aus.

Wer kann mit einem kräftigen, großen Schritt hinaufkommen?

Wer kann auf dem gleichen Bein landen, mit dem er abgesprungen ist?

Wer kann auf beiden Füßen gleichzeitig landen?

Aufgaben bei einem weichen Mattenhügel: Springt aus dem Anlauf (vorgegeben werden ca. 6-8m) genau geradeaus auf die Matte. (Die Schüler sollen frontal auf die Matte zu anlaufen und – ohne sich zu drehen – hinaufspringen. Auf diese Weise wird es möglich, daß immer zwei Übende gleichzeitig die Aufgabe lösen können, wenn der Rückweg entsprechend geregelt wird: durch Weiterlaufen um Wendemarken wieder an den Ausgangsplatz zurückkehren.)

Bei gleichem Mattenaufbau wird eine Zauberschnur als Hochsprungleine hinzugefügt: Versucht jetzt, über die Zauberschnur hinweg auf die Matte zu springen. (Die Zauberschnur sollte ein wenig höher als der Mattenberg gespannt werden, evtl. kann es sinnvoll sein, sie schräg ansteigend zu ziehen, so daß jedes Kind seine Höhe zum Überspringen selbst bestimmen darf. Das Springen muß jetzt einzeln erfolgen!) Der Lehrer hat darauf zu achten, daß alle Kinder etwa gleich häufig springen.

Hoch-Weit-Sprung auf einfach gelegte Weichböden über Zauberschnüre: Wer springt über die Schnur und landet weit auf der Matte?

Variation zur vorangegangenen Aufgabe: Die Landefläche wird in Zonen (gekennzeichnet durch Kreidestriche oder weiße Tücher) eingeteilt. a) Über welche Zone schafft ihr es noch, hinüberzuspringen? b) Wir machen Hoch-Weit-Zielspringen. Wer landet genau in dieser Zone (in diesem Kreis)?

Einheit IV

Fertigkeiten und Inhalte

* Vielsprungvariationen
* Steige- und Drehsprünge
* Weitspringen aus der Zone
* Nach hohen Gegenständen springen
* Freistilhochspringen

Sämtliche Aufgaben und Übungen der vorangegangenen Einheiten dürfen ohne Bedenken wiederholt werden. Wenn Kinder dabei ihre Leistungsfortschritte bemerken, kann es sie nur motivieren. Neu hinzu kommen gezieltere Übungen zur Entwicklung von Sprungkraft und Sprunggewandtheit. Wir zählen sie zu den techniknahen Weit- und Hochsprungübungen.

Weder beim Weit- noch beim Hochspringen sollte eine Technikschulung in der Weise durchgeführt werden, daß die Kinder auf bestimmte äußere Bewegungsmerkmale (abgeschaut von Spitzensportlern) hingewiesen werden. Wir bevorzugen vielmehr das Arbeiten mit geeigneten Aufgabenstellungen und Gerätearrangements, so daß sich die gewünschten Sprungfertigkeiten zwangsläufig und ohne verkrampftes Bemühen einstellen. Es erscheint uns insbesondere nicht zweckmäßig, beim Hochspringen mit Grundschülern die Floptechnik zu lehren, denn es sprechen folgende Gründe dagegen:

- Zur Floptechnik gehört eine vorschriftsmäßige Hochsprungmatte. Der Ersatz durch Weichböden ist gefährlich; Lehrer handeln somit fahrlässig.
- Können Kinder maximal 1,05-1,10m an Höhe bewältigen (der Durchschnitt liegt immer weit darunter), reichen weder Flugzeit noch Fallhöhe der Springer aus, um wesentliche Elemente der Technik auszuführen (vgl. DOMBROWSKI 1983). Ohne das entscheidende Gefühl für den Absprung zu erwerben, werfen sich die Kinder dann rücklings-rückwärts über die Leine.
- Ältere Grundschulkinder sind zwar in der Lage, viele leichtathletische Bewegungsabläufe schnell zu lernen. Das gilt immer

dann, wenn nicht besondere konditionelle Voraussetzungen dazu nötig sind. Zum Hochspringen gehört jedoch eine gewisse Streckkraft der Beinmuskulatur, die in der Regel im Grundschulalter nicht ausreicht, die Floptechnik zu lernen, weil eine Hochsprungmatte von ca. 0,65m Höhe ein zu großer „Berg" für die Kinder ist, ein Berg nämlich, der ihnen keine technikgerechte Fallhöhe erlaubt.

Wir empfehlen aus langjähriger Erfahrung heraus eine allgemeine Sprungschulung an einer einfachen, schultypischen Hochsprunganlage, bei der sich die Landung auf den Füßen anbietet.

(Im Alter von 12 Jahren ist es dann immer noch nicht zu spät für eine gezielte Technikschulung im Hochsprung.)

Entwicklung von Sprungkraft und Sprunggewandtheit

Turnmatten liegen in Bahnen a) längs mit einem Abstand von ca. 0,80-1,00m, b) quer mit einem Abstand von ca. 1,20m. Die Aufgabe heißt: Lauft über die Matten, ohne in die Zwischenräume zu treten.

Ist es möglich, auf jeder Matte nur einen Schritt zu machen?

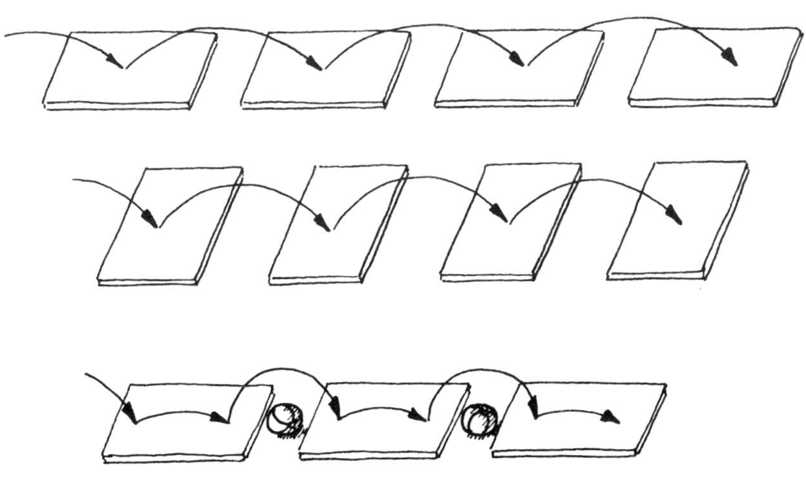

Abb. 30

Geht es besser, wenn ihr lauft oder wenn ihr mehr springt?

Könnt ihr herausfinden, ob man besonders schnell laufen muß oder lieber etwas langsamer, um die Aufgabe zu lösen?

Schafft ihr auch Laufsprünge von Matte zu Matte, wenn Medizinbälle (auf Tennisringen liegend) in den Zwischenräumen sind? Macht lieber 2 Schritte auf den Matten, wenn ihr es nicht schafft, als auf den Ball zu treten (Abb. 30).

Paarspringen in der Bahn mit querliegenden Turnmatten: Mit und ohne Handfassung versuchen zwei Kinder, jeweils gleichzeitig von Matte zu Matte zu springen.

Jeder darf nun Hink-, Lauf- und Schlußsprünge in beliebiger Form ausprobieren. Welche Art zu springen strengt am meisten an? Welche Art geht ziemlich mühelos?

Zur Erholung vom Springen: aus dem Hocksitz auf dem Mattenrand bei gefaßten Füßen sanft über den runden Rücken bis zum Nacken rollen und wieder zurück in den Sitz. An jeder Matte können wenigstens zwei Schüler rollen.

Galopphüpfen über die Mattenbahn, ohne in die Zwischenräume zu geraten.

Aus dem Laufen slalomförmig seitlich über die Matten springen, einmal von der linken Seite, einmal von der rechten Seite. Hat jemand dabei eine „Schokoladenseite"?

Jeweils 2 Turnmatten liegen lückenlos der Länge nach hintereinander. Die Schüler versuchen sich im Weitspringen aus dem Stand (als Schlußsprung oder auch mit einbeinigem Absprung und beidbeiniger Landung). Wie kommt man möglichst weit: aus einer leichten oder einer tiefen Hocke? Mit oder ohne Armunterstützung?

Wie schafft ihr es, weich zu landen? Kommt ihr weiter, wenn ihr zuerst mit den Fersen oder mit den Fußspitzen landet? Wie verhindert man, daß man nach der Landung zurückfällt?

4 Turnmatten liegen längs ohne Zwischenraum hintereinander (nach Möglichkeit mehrere solcher Bahnen bilden, um in Gruppen üben zu lassen). Die Aufgabe ist: Wir versuchen uns im Dreisprung, zuerst ohne Anlauf, dann mit ganz wenig Auftaktschritten. Jeder darf selbst ausprobieren, wie er 3 Sprünge aneinanderreiht, um damit weit zu kommen. (Die einfachste Form ist der „Deutsche Dreisprung", der aus 3 einfachen Laufsprüngen – der letzte führt zur beidbeinigen Landung – besteht.)

Wer weiß, wie der richtige Dreisprung geht und kann es zeigen?

Sprungbein finden: Als Aufgabe wird gestellt, daß jeder 3 Hinksprünge in Folge macht, einmal mit dem linken, einmal mit dem rechten Bein. Mit Hilfe eines Partners, der die jeweilige Landestelle zu markieren hat, soll somit das sprungstärkere Bein ermittelt werden.

Weitsprungspezifische Fertigkeiten

In freier Form oder in Reihen mit Hopserlauf eine bestimmte Strecke überwinden.

Laufen und Hopserlauf verbinden, am besten durch Klatschen oder Trommeln die beiden Fortbewegungsarten von den Kindern erkennen und ausführen lassen.

Wer schafft es, bei jedem Hopser mit den Armen einen Kreis zu machen?

Kann man auch rückwärts hopsen?

Rhythmischer Wechsel von vorwärts und rückwärts hopsen nach einem Trommelrhythmus.

Hopserlauf mit betontem Abdruck a) nach oben, b) in die Weite.

Langgezogene Laufsprünge über Gräben in rhythmischer Folge: Gräben (markiert durch Linien, Seilchen, Teppichfliesen) sollen in regelmäßigem Abstand so hintereinander angeordnet sein, daß die Kinder aus flüssigem Lauf weite Laufsprünge machen können: Wer kann so kräftig abspringen, daß er über dem Graben ein Weilchen „schwebt"? Landet so, daß ihr wieder zügig weiterlaufen könnt.

Wer schwebt so lange in der Luft, daß er bis 3 zählen kann?

Eine Turnmatte liegt quer als Absprungzone mit einem Abstand von ca. 0,75m vor einer Bahn aus 3 weiteren Turnmatten ohne Zwischenraum. Die Aufgabe heißt: aus dem Anlauf von der Quermatte abspringen und möglichst weit auf die Mattenbahn springen; die Landung kann zunächst beliebig erfolgen. Sie sollte aber immer ein elastisches Abfangen einschließen.

Wie zuvor, doch mit beidbeiniger Landung in der Hocke.

Wie zuvor, doch ein nicht federndes Sprungbrett ersetzt die querliegende Matte als Absprungbereich.

Weitspringen und Hoch-Weitspringen von erhöhten Absprungstellen. Es eignen sich: kleine Kästen, Kastendeckel (querliegend), evtl. auch ein Minitrampolin (siehe Einheit III). Die Landung erfordert eine Weichbodenmatte. Bei allen ersten Versuchen sollte der Lehrende darauf hinweisen, daß die Kinder ruhig anlaufen. Erst mit wachsender Sicherheit darf das Anlauftempo gesteigert werden.

Springen von Erhöhungen mit Zusatzaufgaben, welche die Kinder auch selbst erfinden bzw. erweitern dürfen: in der Flugphase zappeln, weiterlaufen, hocken, groß werden, mit den Armen rudern u.a.m. Vom Minitrampolin aus versuchen, im Sprung zu drehen.

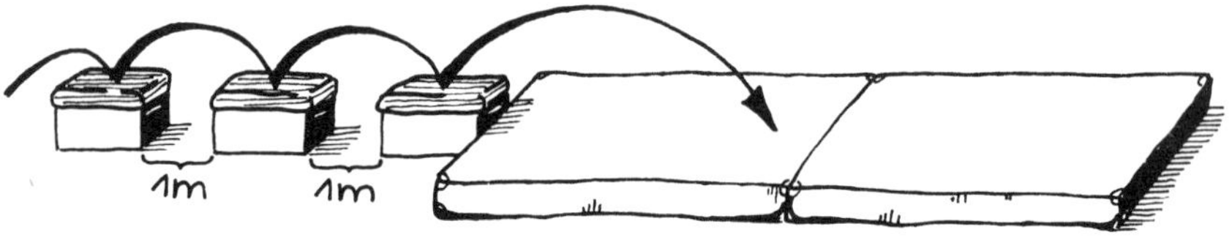

Abb. 31

3 kleine Kästen stehen mit geringem Abstand hintereinander, an den letzten Kasten schließt eine Weichbodenmatte an: Springt von Kasten zu Kasten, und macht zuletzt einen richtigen Weitsprung (Abb. 31).

Aufbau von 3 Weitsprungmöglichkeiten mit je unterschiedlichen Absprunghilfen: Anlage I mit einem Kastendeckel (querliegend), Anlage II mit einem nicht federnden Sprungbrett, Anlage III mit einem kleinen Kasten. Die Landung kann bei den ersten beiden Anlagen aus doppelt gestapelten Turnmatten bestehen; im letzten Fall ist ein Weichboden günstiger. Die Schüler versuchen, selbständig in Gruppen zu üben; sie wechseln nach festgelegter Zeit die Anlage.

Viele der vorgeschlagenen Übungen und Aufgaben sind übertragbar auf den Unterricht im Freien. Je nachdem, ob Rasen, eine Kunststoff- oder Aschenbahn oder eine wettkampfgerechte Weitsprunganlage zur Verfügung steht, sollten Lehrer das Übungsgut so auswählen, daß es nicht zu monotonem Weitsprung mit Schlange stehen kommt. Wie die für Kinder in diesem Alter bei Wettkämpfen vorgeschriebene (besser: empfohlene) Absprungzone aussieht, ist sicherlich am sinnvollsten an einer Weitsprunganlage im Freien zu klären.

Weitspringen aus der Absprungzone an einer Weitsprunganlage: Motivierend wirkt fast immer die Aufforderung: Stellt euch vor, ihr müßtet über einen breiten Wassergraben springen, in den ihr auf keinen Fall hineinfallen dürft, weil da Krokodile drin schwimmen! Also: möglichst sicher und mit kräftigem Abdruck über diesen gefährlichen Graben springen!

Wie zuvor, doch mit Zusatzaufgaben wie Zielspringen in markierte Kreise oder Zonen oder mit Überspringen von Sandwällen (siehe Einheit III).

Hochsprungspezifische Fertigkeiten

Reizvoll und zweckmäßig zugleich sind Aufgaben/Übungen zum Thema: **Springen nach hohen Gegenständen**. Zum einen soll dabei versucht werden, mit einer Hand angemessen hohe Gegenstände zu erreichen; zum andern handelt es sich um Aufgaben mit dem Ziel, aus dem Sprung heraus mit dem Kopf weiche Gegenstände zu berühren.

Aufgaben zum Erreichen mit der Hand: im Freien Springen nach Zweigen, nach einer schräg hoch gespannten Zauberschnur, die mit Bändern oder Zeitungen behängt ist o.ä. Die Übungen erlauben eine große Variationsbreite: Ihr dürft so anlaufen, wie ihr es für günstig haltet. Versucht dabei, im Sprung mit einer Hand das Blatt (die Zeitung) zu berühren.

Wer kann den Gegenstand mit beiden Händen zugleich packen?

Wer kann links abspringen und mit der rechten Hand berühren? Wer macht es genau gegengleich? Wie ist es, wenn man rechts springt und mit rechts hinlangt? Ist das Gefühl dabei besser oder schlechter? Welche Form ist für euch am schwersten?

Wie zuvor, doch mit der Zusatzfrage? Ist die Aufgabe gut zu lösen, wenn man gleichzeitig auch weit springt?

Falls es organisatorisch möglich ist: Mehrere Leinen oder Zauberschnüre werden hintereinander gespannt, so daß in rhythmischer Folge gelaufen und gesprungen werden kann.

Variation: Die Leinen werden von der ersten bis zur letzten Möglichkeit in der Höhe ansteigend gezogen: niedrig – höher – am höchsten. Leistungsgefälle kann ausgeglichen werden, wenn sprungstärkere oder größere Kinder die leicht zu erreichenden Höhen mit dem Kopf ansteuern, die schwächeren dagegen mit der Hand.

Springen nach hohen Gegenständen mit dem Kopf: In der Halle ist es möglich, eine Leine schräg ansteigend zu spannen und sie z.B.

mit Luftballons zu behängen (Foto 24).

Variationen: Tennissoftbälle (auch andere Schaumstoffbälle) werden mit Hilfe eines Klett-Klebebandes an eine Angel gehängt. Diese kann auch von Kindern so hochgehalten werden, daß es für die Schüler einen Anreiz zum Hochspringen darstellt. Wiederum soll der Kopf den weichen Ball berühren.

Foto 24

Springen nach Gegenständen als Rundlauf oder im Zickzack-Parcours: Aufgehängte Zeitungen, Luftballons, Bälle an der Angel u.a.m. werden so angeordnet, daß ein Rundlauf möglich wird.

Auf Berge und Erhöhungen springen

Was bereits in den vorangegangenen Einheiten vorbereitet wurde, kann jetzt mit größerem Anspruch in den Aufgaben gefordert werden. Lehrer sollten sich die Mühe machen, unterschiedlich hohe „Berge" anzubieten, so daß jedes Kind Spaß haben kann. Es eignen sich: gestapelte Weichböden, Mattenberge – auch schräg abfallend – und Kästen; unter Umständen auch einmal für wenige Schüler der beladene und festgehaltene Mattenwagen. Im Freien fordern Hochsprung- und Stabhochsprungmatten zum Hinaufspringen auf (Foto 25).

Bergauf springen über eine Zauberschnur als Aufgaben mit dem Thema: Hoch-Weitsprung. Ist die Landefläche weich, darf die Landung auch im Sitzen erfolgen (Foto 26).

Foto 25

Verbinden von Laufen, Springen und Drehen: über Gräben, Zonen, Linien o.ä. immer wieder aus leichtem Lauf Drehsprünge probieren: Wer kann über den Graben springen und sich dabei drehen – natürlich ohne hinzufallen? Wer vermag so zu landen, daß er ohne schwindlig zu werden weiterlaufen kann?
Wer kann einmal dabei in eine Richtung, das nächste Mal in die andere Richtung drehen? Habt ihr immer eine „Schokoladenseite" dabei?

Foto 26

Hochspringen über eine Zauberschnur auf Weichböden. Zuerst wird die Schnur so niedrig gespannt, daß die Schüler aus frontalem Anlauf zu zweit gleichzeitig üben können. (Der Anlauf wird aus einer Zone mit ca. 6-8m Abstand zur Leine empfohlen.)

Variationen: Wer kann über die Schnur springen und im Langsitz landen?

Springen im Sprunggarten: Hindernisse (z.B. große Medizinbälle, Hütchen, Kastenteile) sind in regelmäßigen Abständen so angeordnet, daß jeweils 3 Reihen mit je 3 Hindernissen den „Sprunggarten" bilden. Die Schüler dürfen zunächst die verschiedensten

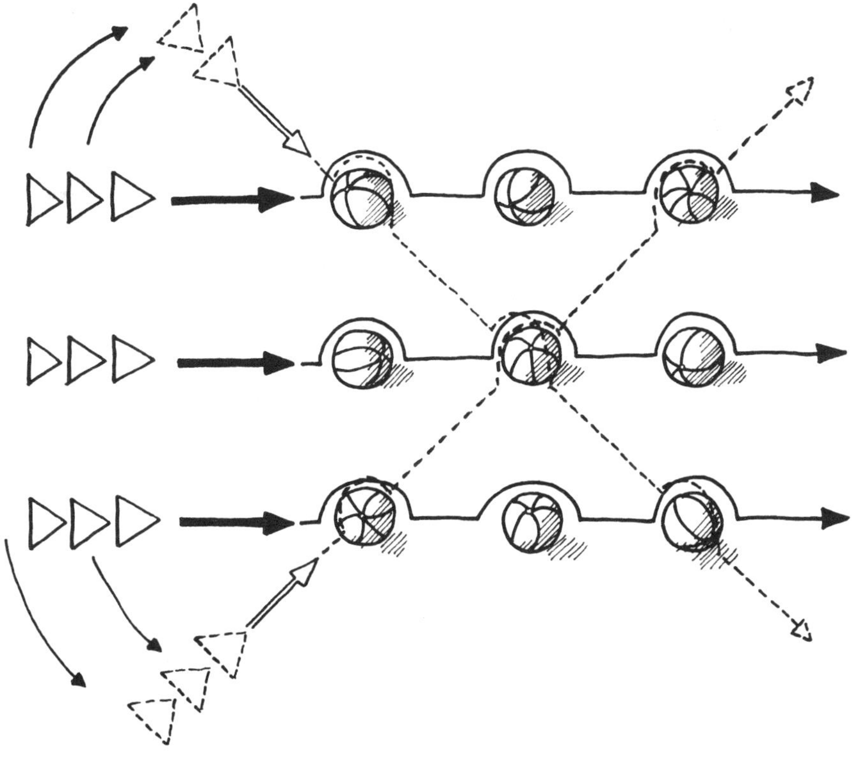

Abb. 32

Sprungformen ausprobieren; erlaubt ist alles, was ungefährlich ist (d.h. auf den Füßen landen) (Abb. 32).

Wie zuvor, doch mit bestimmten Aufgabenstellungen: Überspringt die Hindernisse einer Reihe a) immer auf die gleiche Weise, b) jedesmal mit einem anderen Sprung.

Geht mit einem Partner zusammen: Einer erfindet etwas, der andere muß es nachmachen (mit Rollenwechsel).

Der Sprunggarten wird jetzt diagonal überwunden, also müssen die Kinder jeweils aus einer Ecke her anlaufen (bei vielen Kindern entwickelt sich aus dieser Aufgabenstellung meist von allein eine Form des Schersprungs).

Hochspringen an einem großen Mattenviereck über eine Zauberschnur oder ein Baustellenband. Als Landefläche sind 8 doppelt gelegte Turnmatten oder 2 Weichböden (nebeneinanderliegend) geeignet. Niemand darf Flopspringen versuchen! Ist das Mattenviereck genügend groß, dürfen die Schüler in 4 Gruppen üben: je 2 Kinder können gleichzeitig von 2 gegenüberliegenden Seiten aus springen, müssen jedoch direkt nach der Landung über die Außenseiten zu ihrer Gruppe zurückkehren. Folgende Aufgaben bieten sich an:

Versucht, aus kurzem Anlauf geradeaus über die Schnur zu springen. Landet dabei bitte aber immer zuerst mit den Füßen auf der Matte!

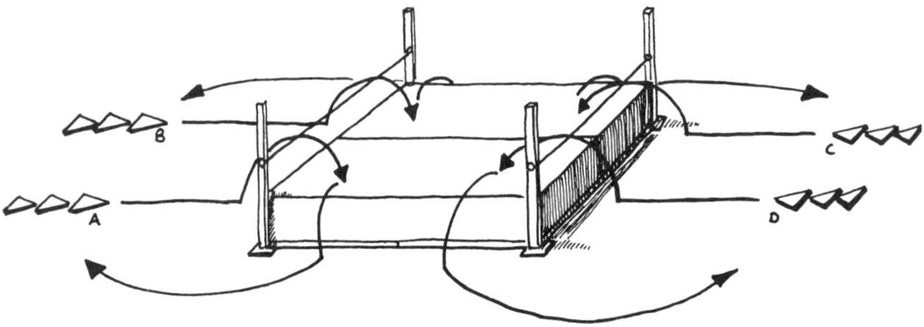

Abb. 33

Wie zuvor, doch wer in der rechten Gruppe springt, versucht, direkt nach der Landung eine Rechtskurve um den rechten Hochsprungständer herum zu machen. Die links übende Gruppe macht es gegengleich (Abb. 33).

Probiert durch Gruppenwechsel aus, ob ihr an der rechten oder an der linken Seite besser zurechtkommt.

Könnt ihr beim Abspringen bereits an die Drehung denken, weil ihr ja dann gleich um den Ständer herum wieder zurückkehren sollt? Probiert doch einmal aus, ob ihr direkt schon im Absprung etwas Drehung einleiten könnt.

Wie gelingt die Aufgabe am besten: mit schnellem oder mit ruhigerem Anlauf (6-8m sind für alle o.a. Übungen eine angemessene Anlauflänge)?

Weiß jetzt jeder, ob er ein Bein hat, mit dem er besser springen kann? (Nicht jeder muß ein Sprungbein benennen können.)

Die folgende Aufgabe ist nur möglich, wenn die Kinder einzeln an einer Anlage springen dürfen. Hochspringen als Kunststück: **Fensterspringen.** Das „Fenster" besteht aus einem Raum zwischen 2 Zauberschnüren, die vor der Landefläche gespannt sind. Erfahrungsgemäß wird nicht jedes Kind den Mut und die konditionellen Voraussetzungen für solch eine Geschicklichkeitsaufgabe mitbringen. Es muß hierzu betont werden, daß Lehrer mitunter Aufgaben stellen dürfen, die nicht alle Schüler lösen können. Wichtig ist jedoch, daß dann aber die Leh-

Foto 27

renden den Kindern gegenüber, die etwas nicht schaffen oder sich nicht trauen, Toleranz und Verständnis zeigen. Die Aufforderung zum Fensterspringen könnte heißen: Wer schafft es, durch den Zwischenraum auf die Matte zu springen, ohne weder die untere, noch die obere Schnur zu berühren (Foto 27)?

Wie zuvor, aber die obere Schnur wird schräg ansteigend gezogen a) einmal an der rechten, b) ein anderes Mal an der linken Seite höher. Dadurch eröffnen sich jeweils unterschiedliche, neue Bewegungsmöglichkeiten.

Eine zeitlich etwas aufwendige, aber für viele Kinder dennoch reizvolle Sache kann ein „Freistilhochsprungwettkampf" sein. Es wird über ein Band oder eine Zauberschnur gesprungen, an der ein Glöckchen zum Hörbarmachen von Fehlversuchen seitlich angebracht ist. Bei einer größeren und leistungsinhomogenen Schulklasse sollte solch ein Wettkampf an zwei Einheiten jeweils mit nur einer Hälfte der Kinder durchgeführt werden. Die nicht aktiven Schüler dürften sich mit Seilchen oder Balancieraufgaben beschäftigen, wenn das Zuschauen sie langweilt. Falls eine weiche, große Landefläche zur Verfügung steht, genügt als einzige Regel: Wer dreimal in Folge das Glöckchen zum Bimmeln bringt, muß ausscheiden. Als Aufgabe wird genannt: Springt über das Band, und landet immer gefahrlos auf der Matte. Wer dreimal in Folge das Glöckchen zum Bimmeln bringt, muß ausscheiden. (Jetzt muß nur noch die Reihenfolge der Springer festgelegt und ein „Kampfrichter" gefunden werden.) (Foto 28)

Foto 28

WERFEN

Können wir beim Laufen und Springen noch von einer „natürlichen“ Fertigkeit sprechen, so ist diese Bezeichnung für den Bereich Werfen heutzutage durchaus nicht selbstverständlich. Die Möglichkeiten zu einem freien Bewegungsleben im Tagesablauf von Kindern schränken sich immer mehr ein. Das Werfen spielt hierbei eine sehr untergeordnete Rolle. Auf welchem Spielplatz oder in welcher Straße können Kinder noch werfen? Ausnahmen sind Schneeballschlachten – doch die Winter sind selten weiß – und das Völkerballspiel, das aber ebenfalls nur noch vereinzelt auf Straßen gespielt wird. Ballspiele in der Freizeit beschränken sich auf einfache Rückschlagspiele und auf Fußball, wobei Mädchen bei diesen Spielen sehr selten beteiligt sind.

Während im Grundschulalter Mädchen und Jungen beim Laufen und Springen durchweg nicht übergroße Leistungsunterschiede aufweisen, finden wir beim Werfen andere Verhältnisse vor. Statistisch gesehen bestehen bei den Mädchen hierin besondere Schwächen. Werfen macht ihnen auch keinen Spaß, weil bei ihnen die Bälle nicht weit fliegen. Werfen scheint eine Sache für sich zu sein, eine Ursachenanalyse kann an dieser Stelle allerdings nicht vorgenommen werden.

FREY/HILDENBRANDT/KURZ (1990) weisen darauf hin, daß beim Werfen – anders als beim Laufen und Springen – die Bewegungen des Körpers nur Mittel zum Zweck sind: Es geht nämlich darum, ein Gerät durch Schleudern, Schlagen oder Stoßen so auf eine Flugbahn zu bringen, daß es möglichst weit weg landet. Ein schönes Gefühl kann nur dann dabei entstehen, wenn das Gerät auch wirklich fliegt.

Es muß an dieser Stelle überlegt werden, in welchem Rahmen und mit welchen Zielsetzungen Werfen für den Unterricht in der Grundschule sinnvoll sein kann, auch, wie weit eine Orientierung an den olympischen Disziplinen Speer-, Diskus-, Hammerwerfen und Kugelstoßen empfehlenswert ist. Werfen allein als Weitwerfen zu betreiben, wird heute sehr wenig Kinder (und dieses auch nur kurzfristig) motivieren. Es müssen weitere Sinngebungen hinzukommen: ein Gerät in eine bestimmte Richtung bringen; es zu einem besonderen Flugverhalten bewegen; vorgegebene Ziele treffen; so werfen, daß gefangen werden kann u.a.m. Bälle können auch mit Hilfe von Stöcken oder Schlägern geschlagen werden. (Warum heißt der kleine Schlagball eigentlich Schlagball, wenn man bei Bundesjugendspielen damit immer nur weitwerfen muß?)

Grundschulkinder sollten nicht bloß mit den wettkampfmäßig für sie vorgesehenen Schlagbällen werfen. Eine offenere Zielsetzung erlaubt ihnen das Experimentieren mit ganz unterschiedlichen leichten und schweren Wurfgegenständen, um deren spezifische Flugeigenschaften herauszufinden. Nebenbei verbessern wir damit zugleich die Wurfkraft und -gewandtheit der Kinder.

Ähnlich wie beim Unterricht im Laufen und Springen muß auch beim Werfen auf die außerschulischen Erfahrungen der Kinder eingegangen werden. Das jüngere Schulkind verbindet das Werfen mit Ballwerfen. Seine Ballerfahrungen aus der Vorschulzeit beziehen sich fast immer auf den Ball, den es persönlich als Spielzeug besaß oder noch besitzt: in der Regel ein leichter Plastik- oder Gummiball, der sich ganz gut fangen läßt, sich aber nicht zum einarmigen Weitwurf eignet, wie ihn die Leichtathletik kennt. Schlag- oder Moosgummibälle kommen außerhalb der Schule nicht vor, eher vielleicht Tennisbälle. Der Schulanfänger hat Mühe, sich mit einem kleinen harten Ball, der nicht gut springt und sich erst recht nicht von ihm fangen läßt, anzufreunden. Dieser Ball kann auch wehtun, wenn man getroffen wird. Der kleine Schlagball bleibt für ihn schwer kontrollierbar.

Von diesen Überlegungen ausgehend, empfiehlt es sich, in den ersten beiden Einheiten vorrangig größere Bälle in den Unterricht mit einzubeziehen. Sie lassen sich sehr gut beidhändig über den Kopf werfen und schulen durch diese Aufgabenstellung speziell bei wurfschwachen Mädchen die richtige Armführung für den späteren Schlag- oder Kernwurf. Wird mit leichten (z.B. aufblasbaren) Bällen gearbeitet, ist auch keine Unfallgefahr gegeben, denn es ist harmlos, von ihnen getroffen zu werden.

Organisationsprobleme

Das Organisieren des Unterrichts beim Thema Werfen bringt im Vergleich zu den Bereichen Laufen und Springen wesentlich mehr Probleme mit sich: In der Turnhalle ist der Platz beengt, es kann zu

Verletzungen durch einen nicht beabsichtigten harten Wurf kommen. Im Freien ohne Wände oder Mauern verlieren sich Schüler und Bälle schnell. So erhält der Ordnungsrahmen eine entscheidende Bedeutung. Häufiger als beim Laufen und Springen müssen die Kinder auf Zeichen und Kommandos vom Lehrer achten. Das gilt sowohl für das Abwerfen als auch für das Zurückholen von Geräten. Der Wunsch nach Übungsintensität wird eingeschränkt durch das Bemühen, zum einen die Richtung der Wurfgeräte, zum anderen Geräte suchende Kinder immer im Auge zu behalten. Eine Aufstellung der Schüler in zwei gegenüberstehende Gassen ist nur dann zulässig, wenn mit sehr weichen Schaumstoff- oder Wasserbällen gearbeitet wird.

Die Übungszeit beim Thema Werfen sollte immer nur einen kleinen Teil der Sportstunden ausmachen, damit es nicht langweilig wird, es sei denn, die Kinder sind durch Spielformen oder besondere Aufgaben von sich aus hochmotiviert. Durchweg ist anzuraten, die zum Werfen, Schleudern oder Stoßen benutzten Geräte hinterher (unter Umständen auch vorweg) für andere Unterrichtsinhalte und Aufgaben zu benutzen.

Werfen

Einheit I

Fertigkeiten und Inhalte

* Rollen und Prellen
* Wurfgeräte ausprobieren
* Zielwerfen und -rollen
* Wurfspiele

Alle nachfolgend angebotenen Aufgaben und Übungen dienen der **Entwicklung allgemeiner Wurffertigkeiten**. Sie sollen zeitlich nur so lange durchgeführt werden, wie sie von den Kindern noch mit Eifer betrieben werden.

Zu zweit mit einem Schaumstoff- oder einem leichten Hohlball: Könnt ihr euch den Ball so zurollen, daß der Partner ihn packen kann?

Versucht dasselbe im Sitzen, dann auch aus der Bauchlage.

Wie kann man den Ball rollen? (Einarmig rechts oder links, beidarmig, im Stehen, Knien, in der Hocke, mit einer Körperdrehung nach dem Rollen u.a. m. Wer hat noch andere gute Einfälle?)

Beobachtet zwischendurch, was andere Paare tun: Gefällt euch eine Übung gut, könntet ihr sie auch probieren.

Zu zweit mit einem Ball dicht nebeneinander: Einer prellt den Ball direkt auf den Boden, der andere versucht, ihn zu fangen.

An eine Wand werfen; es kann zu zweit oder zu dritt mit einem Ball geübt werden, je nachdem, wieviele Bälle vorhanden sind: Wißt ihr, **wie die Fußballspieler einen Einwurf machen**? Könnt ihr mit solch einem Einwurf bis zur Wand werfen? (Falls möglich: Markierungen an der Wand zu treffen versuchen.) (Foto 29)

Schafft ihr es, so an die Wand zu werfen, daß ein anderer den Ball nach dem Zurückprallen fangen kann? In welchem Abstand zur Wand ist es für euch am leichtesten?

Wie kann man sonst noch an die Wand werfen? (Z. B. durch die Beine mit dem Rücken zur Wand, über den Kopf mit dem Rücken zur Wand.) (Foto 30)

Zur Erholung: auf den Ball legen (mit dem Rücken oder mit dem Bauch) und mit dem Körper der Länge nach über den Ball rollen. Es klappt nur, wenn der Ball nicht zu weich ist.

Zwischen 2 Schülern liegt jeweils ein Gymnastikreifen (ersatzweise ein zu einem Kreis gelegtes Seil, evtl. auch eine Zeitung). Die Aufgabe heißt: Prellt euren Ball so in den Reifen, daß er zum Part-

Foto 29

Foto 30

ner gegenüber springt und daß er von ihm gefangen werden kann. Probiert aus, wie ihr die Aufgabe am besten löst.

Zu dritt mit einem Ball auf einem begrenzten Raum; die Aufgabe lautet: Sucht euch eine gemeinsame Form des Ballspielens. Gut ist es, wenn jeder von euch dreien ebenso oft werfen und fangen darf.

Noch einmal zu dritt mit einem weichen Ball. Ein Kind hat ein Hütchen, das es so hält, daß es damit einen zugeworfenen Ball auffangen kann (Foto 31).

Foto 31

Zu dritt mit einem Ball unterschiedliche Formen des Zusammenspielens in Form von Fangen, Werfen, Rollen, Prellen suchen und ausprobieren. Die Kinder dürfen dies auch im Sitzen, Stehen oder Liegen tun. (Vielleicht sitzt auch nur einer, die anderen stehen, oder ein Mitschüler steht erhöht auf einem kleinen Kasten, um auf diese Weise einen zugeworfenen Ball zu fangen.)

Könnt ihr euch zu zweit 2 Bälle gleichzeitig zurollen?

Was könnt ihr sonst noch zu zweit (zu dritt) mit 2 Bällen gleichzeitig spielen?

In Kleingruppen in Kreisaufstellung mit einem Luftballon; der Lehrende entscheidet je nach vorhandenem Könnensstand, ob 2 bis 5 Kinder schon gemeinsam die Aufgaben zu lösen schaffen: Haltet mit den Händen den Ballon in der Luft. Wie oft gelingt es euch, den Luftballon hochzuschlagen, ohne daß er den Boden berührt?

Klappt das Ballonhochhalten auch dann, wenn ihr ihn nur mit einer Hand hochschlagt? Haut immer tüchtig dran, daß man es laut hört.

Die ganze Klasse kegelt: In der Turnhallenmitte stehen Gymnastikkeulen über die Breite verteilt. An den Schmalseiten befindet sich jeweils die Hälfte der Schüler. Der Abstand zu den Keulen ist so zu wählen, daß er nicht zu groß für die nachfolgende Aufgabe wird: Eine Gruppe besitzt Gymnastikbälle. Auf ein Zeichen des Lehrers versuchen die ballbesitzenden Kinder, durch Rollen die Keulen zum Fallen zu bringen. Die gegenüber stehende Gruppe sammelt die Bälle auf und darf danach ihrerseits kegeln usw.

Weitwerfen mit leichten „Minigeräten“ wie: Tischtennisbälle (auch aus Schaumstoff), Streichhölzer, Wattebällchen, kleine Stofftücher, evtl. auch Schülermützen. 2 umgekippte Schwebebänke bilden nebeneinander stehend eine für alle verbindliche Abwurflinie, von der aus die Schüler die unüblichen Wurfgeräte zum Weitfliegen bringen sollen. (Günstig ist es, wenn der Lehrer z.B. vorher den Kindern jeweils 3 Streichhölzchen gibt, die er am Ende des Übens auch wieder von jedem zurückfordert. Das fröhliche Werfen kann bei den Erstkläßlern sonst schnell zu chaotisch werden.) Der Sinn des Weitwerfens mit überleichten Geräten liegt vor allem darin, die Kindern zu schnellen, schlagartigen Armbewegungen zu bringen.

Mit ähnlichen Geräten wie zuvor Zielwürfe in große Ziele aus kurzer Entfernung: in umgekippte kleine Kästen, in Reifen oder in markierte Zonen.

Weitwerfen von einer Hallenhälfte in die andere. Die Geräte dürfen immer nur dann von den Schülern geholt werden, wenn alle Geräte abgeworfen wurden. Geübt wird mit: Bohnensäckchen, kleinen Schaumstoffbällen, leichten Tennisringen, Frisbees, Stoffbällen u.a.m. Die Kinder dürfen und sollen alle möglichen Wurfformen ausprobieren: im Bogen von unten oder von oben werfen, prellen, schleudern, steil und flach, langsam oder schnell werfen etc.

Eine Schlußbemerkung zum Weitwerfen mit den jüngsten Grundschulkindern: Das Weitwerfen sollte in diesem Alter ohne Technikvorschriften durchgeführt werden. Jeder Lehrer ist jedoch aufgefordert, immer genau zu beobachten, welche Lösungen die Schüler finden und wie sich ihre Versuche und Würfe im Laufe der Zeit ändern. Wenn Leistungsschwächere auch beim Weitwerfen einen „Schockwurf" von unten bevorzugen, sollen sie das tun dürfen, denn sie haben das Gefühl, damit weiter zu kommen – und dieses Gefühl trügt sie zumeist nicht. Es sei also nochmals hier betont: die Technikschulung bei 6- oder 7jährigen besteht im wesentlichen in der variablen Aufgabenstellung zum Rollen, Prellen, Werfen, Schleudern und zum freien Ausprobieren der Geräte. Eine Erfolgskontrolle könnte für Kinder dieser Jahrgangsstufe z.B. so aussehen: einen Tennisball kurz vor sich mit so viel Schwung auf den Boden prellen, daß er nach dem Aufprellen möglichst hoch in Richtung Decke abspringt.

Einheit II

Fertigkeiten und Inhalte

* Wurfspiele
* Beidarmiger Überkopfwurf
* Zielwerfen
* Spezielle Aufgaben zum Schlag- oder Kernwurf
* Werfen mit Wurfstäben und Tennisringen

Werfen in spielerischer Form

Jägerball: Je nach Klassenstärke versuchen 1 oder 2 Schüler als „Jäger", die frei herumlaufenden „Hasen" mit einem Schaumstoffball abzutreffen. Geschickte Hasen dürfen den Ball auch fangen; sie gelten dann nicht als getroffen. Wer jedoch sonst von einem Ball berührt wird, muß die Rolle des Jägers übernehmen. Die Spielregeln können Lehrer und Schüler allerdings je nach Bedarf ändern bzw. neu absprechen.

„Königinnenball": Die Kinder sind in Gruppen zu viert oder zu fünft eingeteilt; in jeder Gruppe stehen die Kinder hintereinander ca. 2-3m vor einer glatten Wand. Der Erste jeder Gruppe wirft einen leicht zu fangenden, größeren Ball so an die Wand, daß der Nächste ihn fangen kann und läuft ans Ende seiner Gruppe. Der Zweite wirft wiederum an die Wand, daß der Nachfolgende fangen kann usw. Welche Gruppe schafft 3 Durchgänge, ohne daß der Ball zu Boden fällt?

„Haltet die Seite frei!" Je eine Hälfte der Schüler befindet sich an den Schmalseiten der Halle in einer Zone, die durch eine parallele Linie in einer Entfernung von 3-5m zur Wand gezogen ist. (Günstiger ist es, die Linien durch gekippte Sitzbänke zu ersetzen, so daß ankommende Geräte nicht in die Zone rollen können.) Jede Gruppe erhält ein gleiches Arsenal von Bällen, die sich zum Rollen, Werfen oder Schocken eignen. Nach einem akustischen Zeichen versuchen die Mannschaften, alle Bälle möglichst schnell in die gegnerische Hälfte zu befördern (schießen mit den Füßen ist verboten). Welche Gruppe ist als erste fertig?)

Variation: Es wird mit leichten, größeren Bällen gespielt; daher dürfen Bälle, die in die eigene Hälfte gelangen, herausgeholt und von der eigenen Zone aus wieder zum Gegner geworfen werden. Es wird eine kurze Zeit bis zu einem Pfiff gespielt, dann wird ausgezählt, in welcher Hälfte am wenigsten Bälle liegen.

„Schießbudenspiel“ mit gesammelten Tennisballdosen und Tennisbällen. Es kann in kleineren Gruppen gespielt werden, wenn genug „Schießbuden“ aufgebaut werden können. Sie bestehen aus Kästen mit darauf gestapelten Balldosen.

„Laufender Keiler“: Die Schüler sind in 2 Gruppen eingeteilt, ihre Aufstellung ist ca. 6-10m von der Mittellinie der Halle entfernt. Der Lehrer rollt einen größeren Badeball von einer Querseite zur anderen. Gleichzeitig versuchen die beiden Gruppen, diesen Ball abzutreffen.

Seitenwechsel mit Abtreffen: 3-4 Schüler besitzen einen Schaumgummiball; alle übrigen befinden sich – aufgeteilt in 2 gleich starke Gruppen – an den Schmalseiten der Halle. Auf ein Zeichen hin müssen beide Gruppen ihre Seite wechseln, dabei versuchen die ballbesitzenden Kinder (ihr Ausgangspunkt ist die seitliche Hallenmitte), möglichst viele Läufer durch Ballwerfen abzutreffen.

Völkerballspiel – ebenfalls mit einem weichen Schaumstoff- oder einem alten Volleyball. Die Kinder legen die Regeln selbst fest.

Variation: Völkerball verkehrt: Von beiden Mannschaften befinden sich anfangs nur je 2-3 Schüler im Feld. Die übrigen versuchen, sich durch Abtreffen ebenfalls einen Platz im Feld zu erobern. Welche Mannschaft ist als erste wieder komplett im Feld?

Zuwerfen mit weichen Bällen

Zu zweit in einer Gasse einen größeren Schaumgummiball zum Partner werfen, dabei verschiedene Wurfarten ausprobieren: einarmig, beidarmig, von oben und von unten werfen; über den Kopf werfen oder seitlich neben dem Körper schocken; einmal mit schneller – einmal mit einer langsamen Bewegung werfen. (Der Partner muß den ankommenden Ball nicht unbedingt fangen, sondern ihn irgendwie unter seine Kontrolle bringen.) Was fällt euch sonst noch ein?

Zur Entspannung darf der Ball im Sitzen oder Liegen zugerollt werden. Im Sitzen könnten ihn auch die Füße zum Partner schießen.

Vor- und rückwärts durch die Beine zum Partner werfen.

Mit dem Rücken zum Partner den Ball in hohem, weiten Bogen zu ihm werfen.

Nur mit dem ungeschickteren oder schwächeren Arm zum Partner werfen. Wie groß ist der Unterschied, wenn ihr einmal rechts, einmal links werft?

In Gruppen auf Ziele werfen

Die Schüler bilden Gruppen, die jeweils 6-8m vor den Schmalseiten der Turnhalle stehen. Jede Gruppe verfügt über ein Arsenal von Bällen: kleine und große, aber kein Gerät darf hart sein. Die Kinder erproben die Wurf- und Flugmöglichkeiten der Bälle durch An-die-Wand-Werfen (Abb. 34).

Aufstellung in Gruppen wie zuvor, doch 2m vor der Wand liegt je ein Gymnastikreifen: Die Aufgabe heißt: Prellt den Ball so in den Reifen, daß er von dort aus an die Wand und wieder zu euch zurückspringt (Abb. 35).

Wie zuvor, doch ist die Aufgabe auch mit dem schwächeren Arm zu lösen?

Abb. 34

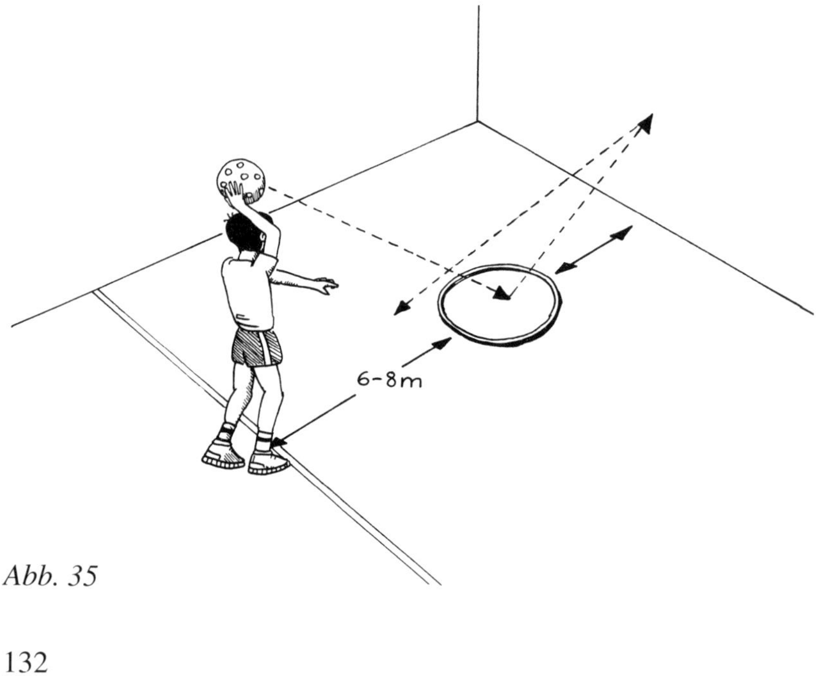

Abb. 35

Vor einer Breitseite der Halle werden verschiedene Ziele aufgebaut: Kleine Kästen stehen so, daß ihre offene Seite zu den Schülern zeigt; Kastenteile können quer oder hochkant benutzt werden; Kinderhürden stellen ebenfalls Tore dar. Die Schüler arbeiten wiederum in Gruppen; sie werfen mit verschiedenen Bällen in die Tore. Jeder hat 3 Versuche, die Gruppe addiert ihre Gesamtzahl. Wenn alle Gruppen mit ihren Versuchen durch sind, werden die Ziele gewechselt.

Zeitungen zerlöchern: In der Hallenmitte wird eine Zauberschnur hoch gespannt und mit Zeitungen behängt (evtl. unter Zuhilfenahme von Wäscheklammern). Alle Schülergruppen befinden sich auf einer Hallenhälfte, die in Zonen mit unterschiedlichen Abständen zur Zauberschnur (genauer: zum Lot der Zauberschnur) eingeteilt wird: 5, 7, 9m. Von welchem Abstand und mit welcher Wurfart wird die vor einer Gruppe hängende Zeitung am schnellsten zerfetzt? Das Zurückholen der Geräte darf nur auf Zeichen des Lehrers erfolgen.

In-die-Weite-Werfen mit unterschiedlichen Wurfgeräten

Als Geräte eignen sich in der Halle: Tennis(schaumgummi)- und Moosgummibälle, Wurfstäbe, Tennisringe, aber auch Tischtennisbälle, Indiacas, Bohnensäckchen, Federbälle. Im Freien können darüber hinaus Schlagbälle, Steine, Zweige, Gymnastikstäbe (wenn sie auf Rasen landen dürfen), Tannenzapfen, Kastanien u. ä. verwendet werden. Organisation (in der Halle): Von einer vorgegebenen Abwurflinie aus werfen 4 bis 5 Schüler gleichzeitig zur gegenüberstehenden Wand. Alle Geräte dürfen nur auf ein Zeichen des Lehrers zurückgeholt werden. Unter Umständen empfiehlt es sich, umgekippte Schwebebänke in die Hallenmitte zu legen, um die zurück- rollenden Bälle aufzuhalten.

Zum Thema „Weitwerfen“ eignen sich folgende Aufgabenstellungen:

Versucht, von dieser Abwurflinie aus, möglichst weit zu werfen.

Stellt euch vor, ihr müßtet über ein Fußballtor hinüber werfen!

Wann fliegt der Ball weiter: wenn ihr flach oder etwas im Bogen werft?

Wie stellt ihr euch am besten hin, wenn ihr die Linie nicht berühren dürft (auch nicht nach dem Abwurf)?

Ihr könnt jetzt aus einem leichten Anlauf heraus werfen (im Abstand von 4-6m wird parallel zur Abwurflinie eine weitere Linie gezogen): Probiert genau aus, ob ihr ohne oder mit Anlauf eine größere Weite erreicht.

Was fällt euch leichter: aus dem Stand oder mit Anlauf zu werfen?

Wie wird beim Weitwerfen gemessen, wenn ihr einen Wurf ganz schräg macht?

Ist es günstiger, genau geradeaus oder mehr zur Seite zu werfen?

Foto 32

Wie gelingt euch das Werfen mit dem Indiacaball?

Warum fliegt ein Indiaca oder auch ein Federball nicht so weit wie ein Schlagball?

Wie kann man am besten mit einem Gummistab werfen? (Am Ende fassen und wie einen Schlagball werfen; in der Mitte fassen und einen „Speerwurf" imitieren.)

Versucht, den Gummistab so zu werfen, daß er sich ganz schnell in der Luft um sich selbst dreht.

Welche Möglichkeiten gibt es, mit einem Tennisring zu werfen? (Ähnlich wie einen Schlagball oder auch mit „Schleudertechnik“ wie bei einem Diskuswurf.) (Foto 32)

Alle o. a. Aufgaben und Übungen sind auch für den Unterricht im Freien geeignet; es sollte nur sichergestellt sein, daß den Werfern gegenüber in angemessener Entfernung eine Wand oder Mauer steht, so daß die Geräte nicht verlorengehen. Werden Gymnastikstäbe nach draußen zum „Speerwerfen“ mitgenommen, darf nur auf Rasen geübt werden, damit die Stäbe nicht zerbrechen. (Bei diesen Wurfgeräten entfällt selbstverständlich die Notwendigkeit einer Wand.)

Es sei abschließend nochmals daran erinnert, daß aus dem angeführten Angebot immer nur wenige Inhalte für eine Stunde ausgewählt werden sollten und daß es immer ratsam ist, die Wurfgeräte anschließend zum Spielen oder für Aufgaben im Springen und Laufen mitzuverwenden.

Einheit III

Fertigkeiten und Inhalte

* Beidarmiges Werfen mit größeren Bällen
* Rollen und Stoßen von leichten Medizinbällen
* Schleudern mit Tennisringen
* Schlagwurf mit und ohne Anlauf
* Wurf- und Ballspiele

Wie in den vorangegangenen Einheiten aufgezeigt, gilt es auch hier, Vielseitigkeit und Abwechslung beim Thema Werfen zu berücksichtigen. Mit wachsender Schnelligkeitsentwicklung nimmt bei den Kindern die Fähigkeit zu, die Arme schlagkräftiger zu bewegen. Daraus resultieren Leistungsfortschritte beim Werfen und Schleudern. Es wird darüber hinaus auch sinnvoll, Grundfertigkeiten des Stoßens auszubilden, wobei sich leichte Medinzinbälle als geeignete Objekte anbieten.

Einfache Partei- und Mannschaftsspiele sind sowohl Gegenstand einer Spielerziehung als auch Lerngelegenheit zur Entwicklung von allgemeiner und spezieller Wurfgewandtheit. Kinder der dritten Jahrgangsstufe können Bälle sicherer fangen als im ersten und zweiten Schuljahr. Dieser Tatbestand bedeutet für die Lehrenden eine erhebliche Erleichterung bei der Wurfschulung.

Wichtige Inhalte beim Werfenlehren bleiben weiterhin alle Arten von Zielwürfen: Sie verbessern den Schlag- und Kernwurf. Hinzu kommen großräumigere Beidarmwürfe mit leichten Vollbällen. Sie erzwingen gleichsam von selbst eine „korrekte" Armführung und einen angemessenen Körpereinsatz als Grundlage für einen erfolgreichen geraden Wurf.

Aufgaben und Übungen zur Entwicklung von Wurfkraft

Rollen mit großen und kleinen Medizinbällen, Aufstellung in der Gasse über die Länge der Turnhalle verteilt. „Zarte“ Kinder erhalten immer nur leichte Vollbälle, evtl. auch nur Hohlbälle. Alle Kräftigeren stellen sich im Bereich eines Hallendrittels nebeneinander. Geübt wird mit einem Partner: Rollt den Ball einmal vorsichtig, einmal mit viel Schwung zum Partner. (Der Gegenüberstehende darf den Ball auf seine persönliche Weise unter Kontrolle bringen. Wenn er sehr vorsichtig ist, sollte er den Ball erst hinter sich an die Wand prallen lassen.)

Wie läßt sich der Ball am schnellsten rollen? (Ausholen an der Seite wie zum Kegeln oder in der Körpermitte mit gegrätschten Beinen?)

Schafft ihr es, den Medizinball mit beiden Händen von unten her zum Partner zu werfen? Keiner muß den Ball auffangen! (Günstig ist es, wenn der Abstand zwischen den Kindern größer ist als die möglichen Wurfweiten. Dann trauen sich alle, den rollenden Ball zu stoppen.)

Mit dem Rücken zum Partner den Ball auf einer Linie durch die gegrätschten Beine zum Partner rollen, evtl. ein bißchen werfen, so daß er danach zum Partner rollt.
Variationen: Zwischen den Schülern befinden sich Tore (z.B. aus Kinderhürden) oder mit Seilchen gelegte Gassen, durch die die Bälle hindurch rollen müssen.

Ballrollstaffel als Pendelstaffel, Entfernung zwischen den Gegenüberstehenden je nach Könnensstand zwischen 6-8m. (Berücksichtigt werden muß ebenfalls die Schwere des Balls.) Wer den Ball zum Schüler gegenüber gerollt hat, stellt sich a) wieder hinter seiner eigenen Mannschaft an, b) läuft seitlich am rollenden Ball vorbei und stellt sich gegenüber wieder an. Welche Mannschaft ist nach 2 Durchgängen als erste fertig (Abb. 36)?

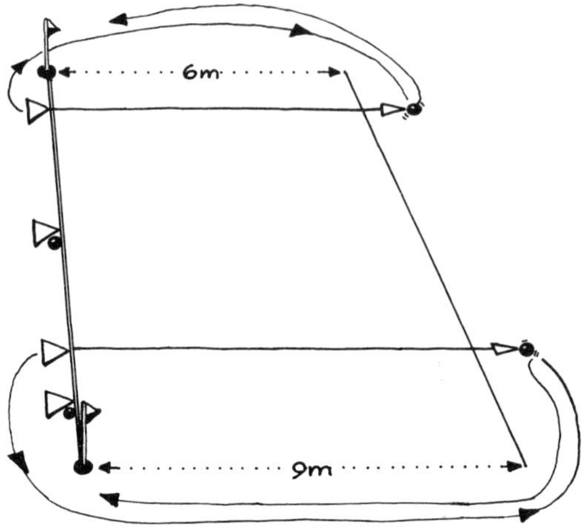

Abb. 36

Weitere Aufgaben in der Form von Pendel- oder Wendestaffeln (Lauf um eine Wendemarke) mit Zusatzanforderungen: 1 oder 2 Bälle müssen getragen und übergeben werden; 1 oder 2 Bälle müssen der Reihe nach von einem Schüler jeder Mannschaft in Reifen gelegt und vom nächsten wieder geholt werden (Entfernung ca. 6-8m). Welche Variationen erfinden die Kinder sonst noch dazu? Werden viele Möglichkeiten erfunden, empfehlen wir, diese schriftlich festzuhalten. So können alle Ideen in den nächsten Sportstunden durchprobiert werden.

Pendelstaffel über eine kurze Distanz, wobei ein Hohlball mit beiden Armen über (und etwas hinter) dem Kopf gehalten werden muß.

Wieder zu zweit in der Gasse: Könnt ihr einen Schaumgummiball mit dem Kopf (mit der Stirn) zum Partner stoßen?

Wie kann man im Liegen oder im Knien einen Ball zum Partner befördern?

Aufgaben und Übungen zur Verbesserung des geraden Wurfs (Schlag- oder Kernwurf)

Mit einem doppelt (gedrittelt) gefaßten Springseil (gut geeignet sind auch Handtücher oder T-Shirts) Schlagbewegungen auf einen Kasten (oder nach herabgelassenen Ringen) durchführen. Die Aufgabenstellung könnte z.B. so lauten: Wir machen „Hau-den-Lukas“. Wer kann den lautesten Knall beim Auf-den-Kasten-Schlagen erzielen? Organisation: Möglichst viele Kästen freistehend so anordnen, daß um den aktiven Schüler der Gruppe genügend Platz vorhanden ist. Innerhalb einer Gruppe darf am Kasten nur einzeln geübt werden! Je nach Situation ist zu entscheiden, ob die Wartenden eine andere Aufgabe durchführen dürfen, z.B. Seilchen springen. (Zum Sinn dieser etwas ungewöhnlichen Übung: Alle schlagartigen Bewegungen fördern die Wurfkraft.)

Schnellwerfen an eine Wand: Die Klasse bildet Gruppen zu viert oder fünft. Jede Gruppe erhält eine möglichst große Anzahl von Geräten, die sich für den geraden Wurf eignen (für alle Gruppen muß dieses Arsenal identisch sein). Alle Geräte werden auf einen Kasten (mit einem Abstand von ca. 8-12m zu einer Hallenwand) gelegt. Jeweils ein Kind jeder Gruppe versucht, alle Geräte ganz schnell an die Wand zu werfen. Zurückspringende Bälle müssen die Wartenden rasch sammeln und festhalten, bis der Nächste dran ist.

Variation: Schnellwerfen im Wechsel mit rechts und links.

Wie zuvor, doch die Bälle befinden sich jetzt in einem umgekippten kleinen Kasten. Es geht darum, das Ballaufnehmen und das Abwerfen möglichst flüssig zu verbinden, denn wiederum heißt die Aufgabe: Werft alle Geräte der Reihe nach an die Wand und zwar so schnell, wie ihr könnt. (Ein Durchgang erfolgt mit dem starken, ein zweiter mit dem schwachen Arm.)

Kleine Schaumstoff- oder Tennisbälle sollen **möglichst senkrecht nach oben an die Hallendecke** geworfen werden. Sinnvoll ist das Üben zu zweit auf verteilten Plätzen: Einer versucht es dreimal in Folge, dann wird gewechselt.

Foto 33 *Foto 34*

Im Gegensatz zur vorangegangenen Aufgabe heißt es nun: den Ball so kräftig **kurz vor sich auf den Boden werfen,** daß er danach fast bis an die Decke springt. Wessen Ball springt vom Boden aus am höchsten? (Voraussetzung ist natürlich eine nahezu gleiche Sprungfähigkeit der benutzten Bälle.) (Foto 33)

Mit größeren Bällen beidhändig über den Kopf an die Wand werfen (ähnlich wie ein Einwurf beim Fußball). Wer erreicht aus unterschiedlich weiten Abständen (durch Linien markiert) die Wand, die Markierung (den Reifen) an der Wand (Foto 34)?

Wie zuvor, doch mit der Zusatzanforderung: Wer kann solch einen Einwurf auch aus dem Anlauf? Wer kommt aus dem Stand, wer mit Anlauf weiter? Ihr dürft beide Möglichkeiten direkt hintereinander ausprobieren, um den Unterschied genau zu erkennen.

Variation: Es werden unterschiedlich große und schwere Bälle zur Verfügung gestellt und Markierungen an der Wand angebracht: Mit welchem Ball und aus welcher Entfernung trefft ihr immer die

Markierung (sie besteht z.B. aus einem größeren Quadrat)?

Weitwerfen ohne Wand als Gruppenwettkampf im beidhändigen Überkopfwurf: Die Landestelle des Balls vom ersten Werfer der Gruppe dient als Abwurfort für den zweiten usw.

Foto 35

Bälle mit Schlägern wegschlagen: Als Schläger eignen sich Familytennis-, Tischtennis- und Tennisschläger, letztere allerdings nur mit Kurzgriff; ebenso Speckbretter. Diese oder ähnliche Geräte müssen Lehrer und Schüler im Bekanntenkreis sammeln und von Zuhause mitbringen. Als Geräte zum Wegschlagen dürfen benutzt werden: Schaumstofftennisbälle, Moosgummi-, Indiaca- und Federbälle, desgleichen leichte Plastikhohlbälle. Die Aufgabe heißt: Werft euren Ball etwas vor euch nach oben und versucht dann, ihn weit weg in Richtung Wand zu schlagen. Probiert erst vorsichtig alles aus, denn zunächst ist es wichtig, das Gerät auch zu treffen! Wer mit dem Treffen keine Mühe hat, darf dann allmählich immer kräftiger zuschlagen (Foto 35).

Der Schlagwurf aus dem Stand und mit Anlauf

Als Geräte sind zu empfehlen: Schlagball- und Moosgummibälle, Hartgummistäbe, Bohnensäckchen, Indiacabälle, zusammengerollte Seilchen; im Freien je nach Gelegenheit darüber hinaus Gegenstände aus der Natur wie Steine, Zweige o.ä. Die Schüler sollten in Gruppen üben und experimentieren dürfen, wobei jedoch zuvor bestimmt wird, daß nur in eine angegebene Richtung geworfen werden muß.

Folgende Fragen und Aufgaben eignen sich zum Anregen spezifischer Schlagwurferfahrungen:

Mit welchem Gerät (Ball) könnt ihr am weitesten werfen?

Welcher Ball fliegt besonders gut?
Wie kann man eigentlich mit Anlauf werfen? Warum kommen die meisten mit Anlauf weiter als aus dem Stand?

Kann es einigen auch anders ergehen? Wie erklärt ihr euch das?

Versucht, flach und schnell zu werfen.

Versucht, steil nach oben zu werfen.

Wann fliegt das Gerät weiter: wenn ihr den Arm langsam oder schnell bewegt?

Wer kann sagen, was sein Arm vor dem Abwerfen des Balls macht?

Foto 36

Spürt ihr, ob ihr vor dem Werfen mit dem Arm ausholt (Foto 36)?

Könnt ihr werfen, ohne zuvor auszuholen? Was ist das für ein Gefühl?

Wie ist es, wenn ihr versucht, ziemlich weit auszuholen?

Ihr werft jetzt alle aus dem Anlauf, aber der Anlauf ist kein richtiger Lauf, sondern ein Galopphüpfen – für den Rechtshänder ist das: links – und links – und links – und Wurf (für Linkshänder gegengleich).

Wer kommt mit der letzten Anlaufart besser zurecht als mit den vorangegangenen?

Schocken und schleudern mit unterschiedlichen Geräten

Beim Experimentieren und freien Werfen innerhalb der zuvor gestellten Aufgaben (auch während der ersten beiden Einheiten zum Werfen) war bei einer Anzahl von Schülern sicher zu beobachten, daß sie Schockwürfe zeigte. Schocken oder schleudern bedeutet: Das Werfen erfolgt mit langem Arm. Der Arm beugt sich also nicht wie beim Schlagwurf. Ein Gerät kann seitlich am Körper vorbei geschleudert werden. Meistens geschieht es in Verbindung mit einer Körperdrehung. Die einfachste Art eines Schockwurfs ist ein Wurf von unten mit langem Arm – etwa so, wie man einem ganz kleinen Kind vorsichtig einen Ball zum Fangen zuwirft.

Geräte schocken oder schleudern können Kinder aus dem Stand, aus dem Anlauf mit einem abschließenden Hinker oder aus einem Umsprung heraus (wie beim Schleuderball- oder Diskuswerfen).

Schleudern mit einem größeren Schaumgummiball. Zur Kontrolle der Wurfrichtung sind markierte Flächen einer Hallenwand günstig: Wer trifft mit „Schleudertechnik“ das Quadrat an der Wand?

Variation: Wer kleine Hände hat oder besonders zierlich ist, darf den anderen Arm zum Halten des Balles beim Ausholen zuhilfe nehmen; evtl. kann er auch beidarmig schleudern.

Schleudern mit einem leichten Tennisring: Der Ring sollte mit Zeige-, Mittel- und Ringfinger von oben, mit dem Daumen von unten gefaßt werden, so daß er seitlich am Körper vorbei geworfen werden kann. Da das Gerät leicht und ungefährlich ist, dürfen die Kinder sich an den Schmalseiten gegenüberstehen; geworfen wird allerdings nur auf Kommando und gleichzeitig immer von einer Seite. Erst wenn alle Geräte weg sind, holen die Schüler, die nicht geworfen haben, die Ringe (Abb. 37).

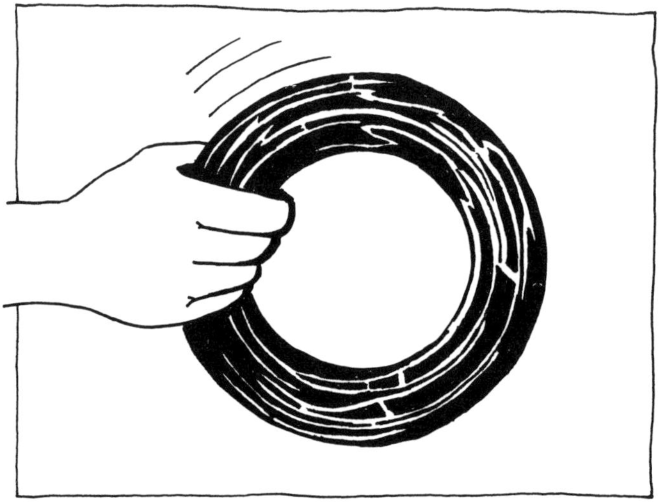

Abb. 37

In der Hallenmitte wird eine Zauberschnur gespannt, so hoch, daß sie für alle einen Anreiz zum Darüberwerfen bietet.

Wer hat einmal gesehen, wie ein Diskuswerfer wirft? Geht es auch mit einem Tennisring? (Der Ring wird allerdings nicht wie ein Diskus, sondern nur an einer Stelle des Randes festgehalten.)

Mit einem Schaumstoffball: Das Spiel „Jägerball“ so abwandeln, daß der Jäger nur mit Schockwürfen einen Hasen abtreffen darf. Ist die Aufgabe zu schwer, sollte das Spielfeld entsprechend verkleinert werden.

Analog zum Jägerballspiel wird das Völkerballspiel so geändert, daß als Wurfart allein das Schocken oder Schleudern erlaubt ist.

Wurf- und Stoßbewegungen unterscheiden lernen (Foto 37)

Die Schüler arbeiten selbständig in Gruppen (jeweils vor einer Wand). Sie erhalten verschiedene Bälle: kleine und große, leichte und schwere. Die Aufgabe heißt: Findet heraus, welche Geräte sich besser zum Werfen, welche sich besser zum Stoßen eignen.

Gelingt es den Schülern, die Aufgabe zu lösen, erhalten sie ein neues „Problem“ durch die Frage: Was ist der Unterschied zwischen einer Wurf- und einer Stoßbewegung? (Antwort: Beim Stoßen darf man nicht ausholen, das Gerät ist zu schwer, der Arm

Foto 37

tut sonst weh. Beim Stoßen holt der ganze Körper aus, beim Werfen tun dies Arm und Körper gemeinsam. Beim Werfen ist der Arm erst lang und wird dann krumm gemacht, beim Stoßen ist er erst krumm und wird dann gestreckt.)

Anmerkung zum Stoßen mit dem Medizinball: Der freie (Nichtstoß-)Arm stützt den Ball vor der Abstoßbewegung, weil er so groß ist, daß er nicht in die Hand paßt – wie z.B. eine Kugel.

„Medizinballolympiade“: rechts stoßen (die linke Hand stützt), links stoßen (die rechte Hand stützt), danach mit beiden Händen den Medizinball von unten weit werfen (schocken). Alle 3 Ergebnisse werden addiert.

Ballspiele

Balltreiben mit kleinen Medizinbällen und einem Volleyball (evtl. noch besser: ein großer, leichter Wasserball aus Plastik): Ein kleines Spielfeld wird an der einen Breitseite durch die vorhandene Hallenwand, an der anderen durch 2 umgekippte Schwebebänke (als Bande, von der der Ball abspringen kann) begrenzt. An den 2 Stirnseiten des Feldes markieren Linien den Abwurfbereich für die Schüler, die sich in 2 Hälften aufgeteilt dahinter befinden und gleich viel Bälle als „Wurfgeschosse“ zur Verfügung haben. Der leichte Ball als Zielgegenstand liegt in der Mitte des Feldes. Durch Rollen, Stoßen oder Werfen versuchen die Parteien, den leichten Ball über die gegnerische Abwurflinie zu treiben. Medizinbälle, die über die eigene Linie gelangen, dürfen aufgenommen und wieder benutzt werden (Abb. 38).

„Königinnenball“ (vgl. Werfen, Einheit II)**:** Der Ball muß als Wurf über den Kopf (ein- oder beidarmig) jeweils in ein bestimmtes Feld an der Wand geworfen werden. Geeignet sind Gymnastik- oder Kinderhandbälle.

Wurfspiele wie Jägerball, Völkerball (auch verkehrt – vgl. Werfen, Einheit II), Parteiballspiele u. ä. können immer neu aufgegriffen und variiert werden, z.B. indem nur auf bestimmte Art und Weise

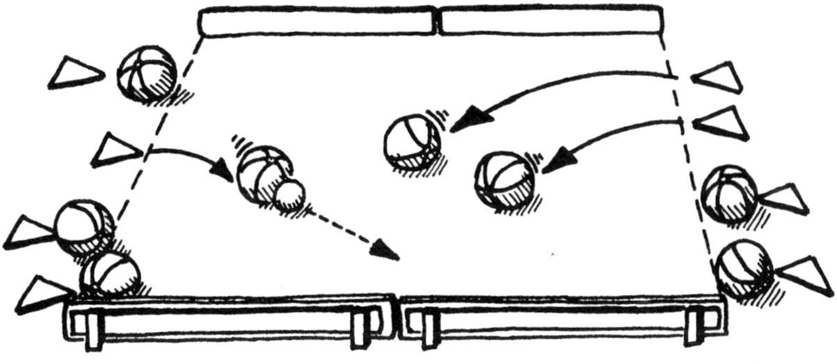

Abb. 38

geworfen werden darf. Bei vielen Wurfspielen ist es günstig, gleichzeitig in Gruppen auf mehreren Feldern spielen zu lassen (jede Gruppe erhält ein Hallendrittel zugeteilt), damit die Kinder häufig zum Werfen kommen.

Burgherrenball: Jede Mannschaft bildet einen Stirnkreis (durch Linien oder Klebebänder markiert) um einen in der Mitte stehenden Kasten. Hinter oder vor dem Kasten steht der „Burgherr". Die Mannschaft versucht, durch geschicktes Zuwerfen den Burgherren so vor den Kasten zu locken, daß er mit dem (weichen Schaumgummi-)Ball abgetroffen werden kann. Wir empfehlen, zwei Mannschaften gleichzeitig und unabhängig voneinander spielen zu lassen.

Schwarz-Weiß (vgl. Laufen, Einheit II) **mit Abtreffen:** Auf der Hallenmittellinie liegen so viele Bälle, wie es der halben Schülerzahl entspricht. Die Kinder stehen sich (je zur Hälfte) ca. 1,5m von der Mittellinie entfernt gegenüber. Auf Zuruf „Schwarz" müssen die Kinder der genannten Mannschaft schnell die Bälle aufnehmen und versuchen, die Flüchtenden abzutreffen. Welche Mannschaft erreicht die meisten Treffer?

Dreiparteienball: 3 gleich große Parteien verteilen sich in 3 gleich großen Spielfeldern (z.B. Hallendritteln). Mit einem Schaumstoffball wird versucht, Spieler einer anderen Partei abzutreffen. Jeder Treffer zählt als Punkt für die Partei, der der Werfer angehört. Gefangene Bälle werden nicht als Treffer gewertet – ähnlich wie beim Völkerballspiel. Die mittlere Partei kann von jeder äußeren Mannschaft getroffen werden, eine äußere immer nur von der mittleren. Daher soll nach jeweils 5-8 Minuten ein Spielfeldwechsel stattfinden, so daß jede Mannschaft einmal rechts und links außen sowie einmal für eine genauso lange Zeit in der Mitte spielt.

Variationen zum Dreiparteienball: gleichzeitig mit 2 Schaumgummibällen spielen; eine Wurfart festlegen: nur schocken oder nur Schlagwurf.

Einheit IV

Fertigkeiten und Inhalte

* Wurf- und Ballspiele
* Schlagwurfvariationen
* Drehwürfe
* Beidarmwürfe mit Vollbällen
* Stoßen mit schweren Bällen

Haben die Schüler die vorangegangenen Einheiten durchlaufen, verfügen sie durchweg über grundlegende Bewegungserfahrungen im Werfen, Schleudern und Stoßen. Diese letzte Einheit kann dann der Verfeinerung und Stabilisierung aller Fertigkeiten dienen. Eine strenge Trennung zwischen den Einheiten muß ohnehin vermieden werden, damit man der Individualität eines jeden Entwicklungsverlaufs gerecht wird, d.h. wiederum: Altes, Bekanntes aufgreifen und erweitern. Verliert es den Reiz, zu schwierigeren, sprich neuen Bewegungsproblemen fortschreiten.

Spiele, in denen das Werfen ein wesentliches Element darstellt, stehen in dieser letzten Einheit einmal an erster Stelle, weil sie in der Regel mehr motivieren als isolierte Aufgaben und Übungen. Eine große Übungsintensität ergibt sich dabei vor allem dann, wenn die Klasse in kleinere Gruppen eingeteilt wird, die gleichzeitig und unabhängig voneinander auf mehreren Feldern spielen.

Ballspiele, die auch zur Förderung von Wurfkraft und Wurfgewandtheit dienen

Ball über die Schnur: Jeweils 2 Parteien verteilen sich in gleich großen Spielfeldern (z.B. Quadrate von etwa 6x6m), getrennt durch eine Zauberschnur. Deren Höhe variiert je nach Wurfvermögen der Schüler und Gewicht des benutzten Balles. Spielidee ist, einen Ball so über die Leine zur gegnerischen Mannschaft zu werfen, daß er dort auf den Boden fällt. Jede Mannschaft bemüht sich, durch Auffangen zu verhindern, daß der Ball die Erde berührt. Innerhalb einer Partei ist dreimaliges Zuspiel durch werfen erlaubt (die Regeln sind selbstverständlich veränderbar).

Variation: **Ball unter die Schnur:** Im Gegensatz zur vorigen Version darf der Ball jetzt nur unterhalb der Schnur zum Gegner geworfen (geschleudert) werden. Wiederum ergibt jede Bodenberührung des Balles im eigenen Feld einen Punkt für die andere Mannschaft.

Brennball: 2 Mannschaften, eine im Spielfeld verteilt, die andere als werfende Partei hinter einer Schmalseite des Spielfeldes. Die Ecken des Feldes sind durch Fahnenstangen markiert; ein Mal (ein gezeichneter Kreis oder ein größerer Gymnastikreifen) in der Nähe der werfenden Partei. Der Spielgedanke: Die Werfermannschaft muß versuchen, durch Weitwerfen so viel Zeit zu gewinnen, daß dadurch das Feld umlaufen werden kann. Fahnenstangen gelten als Mal. Schnappt die Fängerpartei im Feld den Ball, versucht sie, diesen so schnell wie möglich in Richtung Kreis zu befördern, um ihn dort durch einen Schüler ins Mal zu prellen. Jeder Läufer, der noch zwischen 2 Fähnchen unterwegs ist, gilt dann als „verbrannt". Die Zählweise kann unterschiedlich gehandhabt werden: Ein Umlauf ohne Unterbrechung zählt 4 Punkte, mit Unterbrechung nur einen. Ist ein Spieler „verbrannt", erfolgt Rollentausch.

Vor Spielbeginn muß die Werferpartei durchgezählt werden, so daß jeder Schüler der Reihe nach zum Werfen gelangt (Abb. 39).

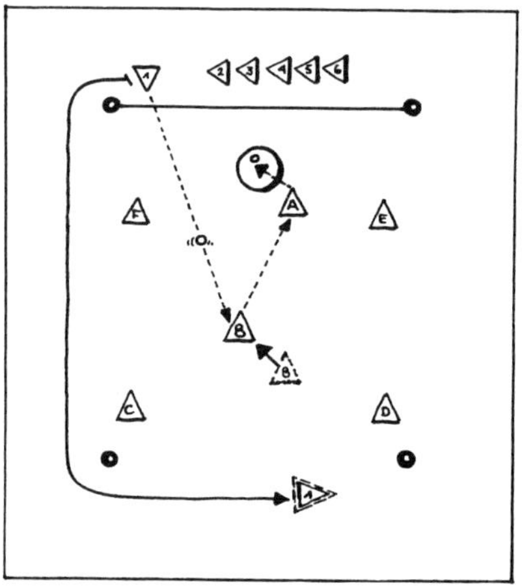

Abb. 39

Völkerball-*Variationen:* Es wird mit 2 (weichen) Bällen zugleich gespielt.

Völkerball mit Abtreffen von 3 Seiten.

Haltet die Seite frei (vgl. Werfen, Einheit II) mit Zusatzaufgaben: a) Es darf mit leichten Hohlbällen nur der Schockwurf ausgeführt werden; b) es darf mit Tischtennisbällen und Schaumstofftennisbällen nur im Schlagwurf geworfen werden.

Wurfbudenspiel-*Variationen:* Wenn nur in eine Richtung (z.B. zur Hallenbreitseite hin) geworfen wird, dürfen Schlagbälle benutzt werden. Mit ihnen können Keulen am Boden oder auf Kästen oder ebenso Volleybälle, die auf Kästen liegen, abgetroffen werden. Der Lehrer sollte die Anzahl der Versuche pro Schüler festlegen und die Gruppen auffordern, Reihenfolgen für die Werfenden festzulegen.

Prellballspiel: Die Halle wird der Länge nach halbiert durch umgekippte Sitzbänke. Die Schüler stehen sich paarweise gegenüber und versuchen, sich einen Gymnastikball mit der Faust zuzuprellen. Jeweils vor und nach dem Überqueren der Bank soll der Ball auf den Boden prellen.

Wie zuvor, doch jeweils 2 Schüler auf jeder Seite spielen mit einem Ball. Wie oft sie sich den Ball zuspielen dürfen, bevor er über die Bank geprellt wird, kann je nach Bedarf am Anfang des Spiels festgelegt werden.

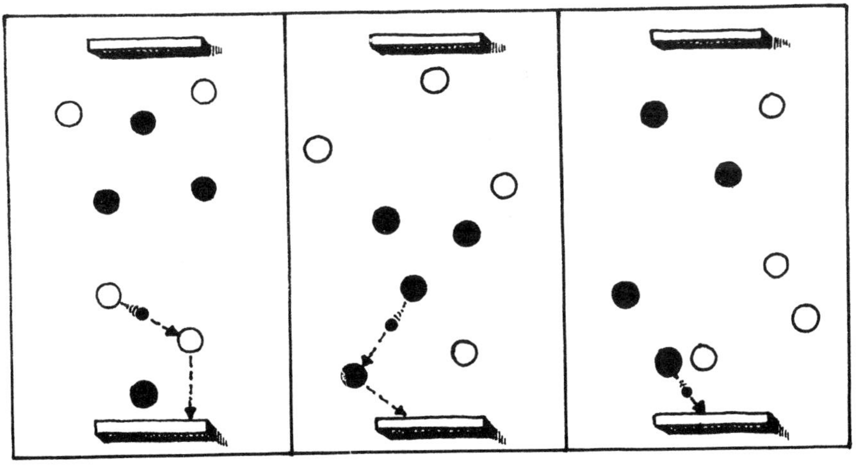

Abb. 40

Kegelspiele, die von Lehrer und Schülern gemeinsam ausgedacht werden.

Rollballspiel in 3 Feldern: Es spielen jeweils 2 Mannschaften auf einem Feld mit dem Ziel, einen Ball, der nur gerollt, niemals geworfen werden darf, in ein Tor am Ende des gegnerischen Feldes zu bringen. Das Tor kann aus einem durch Fahnenstangen markierten Bereich bestehen, es kann ein kleines Handballtor sein. Unter Umständen ist es sogar empfehlenswert, die gesamte Grundlinie des Spielfeldes als Torlinie zu bestimmen, wenn das Spiel dadurch mehr Dynamik erhält (Abb. 40).

Verbesserung des geraden Wurfs

Kleinere und größere Schaumstoffbälle etwas seitlich vor dem Körper leicht hochwerfen und mit der Hand weit wegschlagen. Als Aufgabe wird formuliert: Versucht mit der Hand und dem Ball einen „Tennisaufschlag". Macht es so, wie ihr euch einen Tennisaufschlag vorstellt oder wie ihr ihn beobachtet habt. (Die Kinder üben paarweise; sie dürfen sich bei dieser Aufgabe in einer Gasse gegenüberstehen.)

Wie zuvor, doch zum Schlagen werden Familytennis- oder Tischtennisschläger benutzt. Ebenfalls geeignet sind Speckbretter.

Variationen: Wer kann den Ball hoch-weit über die (in der Mitte gespannte) Zauberschnur schlagen?

Gelingt einem auch das Ballschlagen mit der ungeschickteren Hand?

Zur Erholung: den Schaumstoffball mit den vorhandenen Schlägern (Speckbrettern) mit einem Partner hin und her spielen. Alle Schlagarten sind erlaubt, wenn es den Kindern gelingt, miteinander zu spielen.

Beidhandwürfe mit leichten Medizin- oder anderen Vollbällen. Jedem Schüler wird freigestellt, ob er mit oder ohne Anlauf werfen möchte. Es muß jedoch eine Abwurflinie eingehalten werden. Organisationsform: Wird der Abstand so gewählt, daß er erheblich größer als die beste Wurfleistung ist, dürfen sich die Schüler gegenüberstehen. Eine weitere Bedingung ist außerdem: Es darf immer nur aus einer Richtung und auf ein Zeichen des Lehrers hin geworfen werden. Erst, wenn alle Geräte von einer Seite aus abgeworfen wurden, können die gegenüberstehenden Kinder sie holen.

Wie zuvor, doch als Anreiz dienen herabgelassene Ringe, die getroffen werden sollen.

Zonenwerfen: Alle Schüler stehen verteilt auf einer Schmalseite der Halle. Ab der Mitte wird der Raum in deutlich erkennbare Zonen eingeteilt – durch Turnmatten, ausgelegte Zeitungen, Seilchen o.ä. Zum Werfen eignen sich: Schlagball- und Moosgummibälle, Wurfstäbe oder alte Tennisbälle. Wer geworfen hat, darf niemals seinem Gerät direkt hinterherlaufen, sondern er muß warten, bis alle Schüler dran waren. Die Aufgaben heißen: In welcher Zone landet euer Wurfgerät? Macht es einen Unterschied, ob ihr

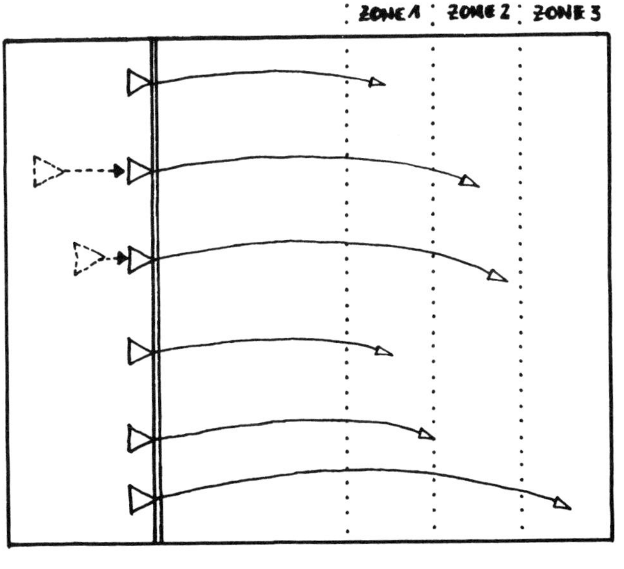

Abb. 41

mit einem Stab oder einem Schlagball werft? Welches Gerät fliegt bei euch am besten (Abb. 41)?

Variationen zur vorangegangenen Aufgabe: Kommt ihr aus dem Anlauf oder aus dem Stand weiter?

Schafft ihr es, immer in die erste Zone zu treffen, egal, mit welchem Gerät?

Nehmt jetzt immer dasselbe Gerät und zielt zuerst in die Zone I, dann in Zone II und abschließend in die letzte.

Zielweitwürfe an Markierungen an der Wand oder an das Basketballbrett. Es können auch Turnmatten an die Hallenwand gelehnt werden. Wiederum darf nur aus einer Richtung geübt werden.

Weitwerfen aus dem Anlauf: Organisation: nur in eine Richtung werfen; eine Abwurfzone von 4-7m markieren. Je nach der Zahl vorhandener Wurfgeräte dürfen 4 Schüler zugleich üben. Geschieht dieses im Freien, muß unbedingt eine begrenzende Mauer oder Wand vorhanden sein.

Folgende Fragen und Aufgabenstellungen eignen sich zur Förderung eines erfolgreichen Schlagwurfs:

Werft zuerst einmal möglichst weit aus dem Stand und merkt euch die Weite (zuvor am Boden angebrachte Markierungen erleichtern diese Aufgabe). Danach versucht ihr einen Weitwurf mit Anlauf. Wer aus dem Anlauf weiterkommt als aus dem Stand, der geht zur Gruppe B, die jetzt eine Weile alleine übt. (Der Lehrer muß diesen Kindern einen ungefährlichen Übungsraum zuweisen.) Gleichzeitig beobachtet der Lehrer gezielt die Kinder, die mit der Koordination von Anlauf und Abwurf Probleme haben (Gruppe A). Anschließend beobachtet Gruppe A die Werfer der B-Gruppe: Welche Lösungen zeigen die Kinder? Führen sie den Anlauf ruhig oder schnell aus? Wie ändern sie die Schrittfolge vor dem Abwurf? Machen sie am Ende einen Hüpfer? Abschließend versuchen sich alle Schüler noch einmal im Weitwerfen (Foto 38).

Foto 38

Literatur

AUGUSTIN, D./JOCH, W.: Jugendleichtathletik. Niedernhausen 1988.

BALZ, G.: Fachdidaktische Konzepte oder: Woran soll sich der Schulsport orientieren? In: Sportpädagogik 16 (1992) 2, 13-22.

BALZ, G.: Neue Ansätze für eine schulische Leichtathletik. In: Sportunterricht 29 (1980) 11.

BALZ, G.: Praktische Möglichkeiten im Rahmen einer Neuorientierung der schulischen Leichtathletik. In: Sportunterricht 29 (1980) 11, Lehrhilfen.

COOPER, K.H.: Bewegungstraining. Frankfurt/Main 1970.

DOMBROWSKI, O./SCHENK, H.: Leichtathletik – Springen. Praxis Sport Bd. 7. Berlin 1982.

DOMBROWSKI, O.: Überlegungen zur Floptechnik bei Kindern. In: Die Lehre der Leichtathletik 34 (1983) 3, 79-80.

FREY, G.: Didaktische Aspekte der Schulleichtathletik. In: Sportunterricht 33 (1984) 6, 205-216.

FREY, G.: Methodische Aspekte der Schulleichtathletik. In: Sportunterricht 33 (1984) 6, 217-230.

FREY, G./HILDENBRANDT, E./KURZ, D.: Laufen, Springen, Werfen. Reinbek 1990.

HILDEBRANDT, R.: Sportunterricht in der Primarstufe. Sport: Lehren, Unterrichten, Trainieren Bd. 3. Bad Homburg 1983.

HILDEBRANDT, R.: Lebensweltbezug – Leitmotiv für eine Neuorientierung der Bewegungserziehung in der Grundschule. In: Sportwissenschaft 23 (1993) 3, 259-275.

HOLLMANN, W./HETTINGER, T.: Sportmedizin – Arbeits- und Trainingsgrundlagen. Stuttgart, New York 1988³.

HOPF, H.: Unterricht in der Kinder- und Jugendleichtathletik. In: Leichtathletik-Magazin 2 (1980), Lehrbeilage 43. Leichtathletik-Magazin 2 (1982), Lehrbeilage 44. Leichtathletik-Magazin 3 (1983), Lehrbeilage 53.

HURLOCK, E.: Die Entwicklung des Kindes. Weinheim 1972.

ISRAEL, S.: Bewegungskoordination frühzeitig ausbilden. In: Die Lehre der Leichtathletik 28 (1977) 30, 989-992 und 31, 1027-1028.

JOCH, W.: Schülerleichtathletik. Niedernhausen 1982.

JOCH, W.: Zum Problem von Invarianz und Variabilität motorischer Entwicklungsprozesse. In: ADL (HRSG.): Schüler im Sport – Sport für Schüler. Schorndorf 1984, 441-446.

KATZENBOGNER, H.: Videofilm „Leichtathletik macht Spaß“. Freising 1989.

KATZENBOGNER, H.: Spielerisches Lernen, Üben und Trainieren. In: Leichtathletiktraining 3 (1992) 5/6, 10-17.

KURZ, D.: Leichtathletik in der Schule. In: Sportpädagogik 6 (1982) 2, 11-18.

LETZELTER, M.: Trainingsgrundlagen. Reinbek 1978.

MEDLER, M.: Leichtathletik – Spiel- und Wettspielformen. Neumünster 1991.

OERTER, R.: Moderne Entwicklungspsychologie. Donauwörth 1982.

OERTER, R.: Zur Rolle von Motorik und Handlung in der psychischen Entwicklung des Menschen. In: WILLIMCZIK, K./GROSSER, M. (HRSG.): Die motorische Entwicklung im Kindes- und Jugendalter. Schorndorf 1979, 23-28.

RICHTLINIEN SPORT Bd. II. Kultusminister des Landes Nordrhein- Westfalen. Köln 1980.

SCHIELE/EBERLE/FREY/KROMER (Hrsg.): Leichtathletik in Schule und Verein auf dem Prüfstand. Aachen 1990.

TREUTLEIN, G./FUNKE, J./SPERLE,N. (HRSG.): Körpererfahrung in traditionellen Sportarten. Wuppertal 1986.

VOSS, I./JONATH, U.: Der Lauf. Sport in der Primarstufe 5. Frankfurt 1975.

WASMUND, U.: Vergleichende Untersuchungen zu Leistungsfaktoren bei Kurz- und Langstreckenläufen von Kindern im Grundschulalter. In: Sportwissenschaft 8 (1978) 2/3, 252-270.

Sporttitel von Meyer & Meyer

zu den Themen:

Laufsport

Van Aaken - Das van Aaken Lauflehrbuch
Van Aaken - Das Laufbuch der Frau
Kuhlmann - Das LaufLESEbuch
Lydiard - Jogging mit Lydiard
Diem - Tips für Laufanfänger
von Schablowsky - Hilfe – mein Mann läuft
von Schablowsky - Zur Strecke gebracht

Langlauf

Sonntag - Mehr als Marathon Bd. 1
Sonntag - Mehr als Marathon Bd. 2
Vellage - Läuferin–Langstrecklerin–Marathonläuferin
Thiemer/Thiemer - Langlauf ist unser Leben
Kleine - Langlauf in der Kritik
Jung - Schweizer Waffenläufe

Edition Leichtathletik

Bd. 1 Rahmentrainingsplan Grundlagentraining
Bd. 2 Aufbautraining-Sprint
Bd. 3 Aufbautraining-Lauf
Bd. 4 Aufbautraining-Sprung
Bd. 5 Aufbautraining-Wurf
Bd. 6 Aufbautraining-Mehrkampf
Bd. 7 Aufbautraining-Grundprinzipien

Gymnastik/Körperarbeit

Schwabowski - Rhythmische Sportgymnastik
Rosenberg - Handbuch Gymnastik und Tanz
Schmidt - Dehn- und Kräftigungsgymnastik
Schmidt - Rücken- und Rumpfgymnastik
Blume - Akrobatik
Moegling - Handbuch Tai Chi Chuan
Polet-Kittler - Yoga – Das seelische Gleichgewicht
Polet-Kittler - Tips für Yoga
Jung - Gymnastik als Therapie
Unger - Handbuch Kraftsport und Bodybuilding

Baseball

Niedlich - Handbuch Baseball

Basketball

Neumann - Basketballtraining
Mikes - Handbuch Basketball

Fußball

Kollath - Fußballtechnik in der Praxis
Sneyers - Fußballtraining
Bischops/Gerards - Handbuch Kinder- u. Jugendfußball
Bischops/Gerards - Tips für Spiele mit dem Fußball

Handball

Grage - Handballtraining

Volleyball

Fraser - Volleyball
Hergenhahn/Neisel - Volleyball
Papageorgiou - Handbuch Volleyball
Papageorgiou - Handbuch Leistungsvolleyball

Tennis

Steinhöfel - Trainingsformen im Leistungstennis

Tischtennis

Fellke/Östh - Nr. 1 im Tischtennis
Groß - Tips fürs Tischtennis
Hotz/Muster - Tischtennis

Badminton

Lemke/Meseck - Handbuch Badminton

Golf

Flanagan - Golf – Spiel mit Kopf

Radsport

Brüggenj./Kürschner - Handbuch Mountain-Biking
Heßler - Radsport in Schule und Verein

Rudern

Fritsch - Handbuch Rudersport
Fritsch - Handbuch Rennrudern